裸眼看印尼

[印尼] 崔妮蒂 著
牟晓春 译

上海文艺出版社

图书在版编目（ＣＩＰ）数据

裸眼看印尼 / （印尼）崔妮蒂著 ； 牟晓春译.
上海 ：上海文艺出版社，2025. -- ISBN 978-7-5321
-9168-0

Ⅰ．K934.29

中国国家版本馆CIP数据核字第20254KS208号

责任编辑：冯　凌
封面设计：余尘兀

书　　　名：	裸眼看印尼
作　　　者：	[印尼] 崔妮蒂
译　　　者：	牟晓春
出　　　版：	上海世纪出版集团　　上海文艺出版社
地　　　址：	上海市闵行区号景路159弄A座2楼 201101
发　　　行：	上海文艺出版社发行中心
	上海市闵行区号景路159弄A座2楼206室 201101 www.ewen.co
印　　　刷：	启东市人民印刷有限公司
开　　　本：	889×1092　1/32
印　　　张：	5.5
插　　　页：	2
字　　　数：	105,000
印　　　次：	2025年5月第1版　2025年5月第1次印刷
Ｉ Ｓ Ｂ Ｎ：	978-7-5321-9168-0/I.7202
定　　　价：	39.00元
告　读　者：	如发现本书有质量问题请与印刷厂质量科联系　T:0513-83349365

目　录

印度尼西亚地图

出版源起

西印尼

去班达亚齐之旅	003
穿着比基尼的亚齐	006
雅加达很漂亮	011
闹鬼之旅	016
美丽的岛屿	021
邦加的锡旅游	024
占碑，旅游业的挑战	027

中印尼

龙目岛回想曲	035

东龙目岛	039
海上的自取其辱	043
谢谢了，小科莫	048
美丽的拉布汉巴焦	053
神出鬼没的莫忧岛	058
帕索拉之旅	063
孩子们的围攻	069

东印尼

去四王群岛的旅行准备	077
四王群岛船宿潜水之一：四处折腾	082
四王群岛船宿潜水之二：玩耍吧，聚会吧，跳水吧！	087
四王群岛：人间第七天堂！	091
与世隔绝的巴布亚	096
煎熬	099
躺平的哥伦打洛	104
布纳肯岛，不！	109
若想去天堂，最好先为之努力！	113
瓦卡托比群岛：海上海下皆天堂	117
从土味摇滚到呼啦圈	121

马后炮：在印度尼西亚旅行

印尼人也是人	127
超重的旅行者	131
送我去机场！	135
印度尼西亚九个最佳游泳海滩	142
辣椒！	149
很吵！	154
宗教宽容	158
墓地里的房子	162
致谢	166
谁用《裸眼看印尼》	167

Iboih Beach 伊波依海滩

Aceh 亚齐

Bangka Island 邦加岛

JAVA SEA 爪哇海

Jakarta 雅加达

地名	中文
Gorontalo	哥伦打洛
Wakatobi	瓦卡托比
Raja Ampat	四王群岛
Labuan Bajo	拉布汗班丹
Labuhan Pandan	拉布汉巴焦

出版源起

这一切都始于2011年的乌布作家和读者节,作为作者的我参加了活动。活动评委会主席拉塞尔·埃尔德里奇告诉我,应该把书翻译成英文。他说,西方人都喜欢前往异国旅行,而我自己就是一位来自异国的旅行爱好者,他觉得从我的视角来讲述一些旅行故事会非常有趣。

因为我在naked-traveler.com上有个人博客,我可以直接收获读者的反馈,其中有些是外国读者。他们有的说,我写的东西在政治上不正确,这始终让我费解。作为印尼作者,我们有我们自己独特的幽默感,也许不像西方人那么偏执。我们嘲笑周遭的一切:我们的不幸,我们的贫穷,所面对腐败,以及不同的种族和肤色。即使面对他人的恼火,我们也会回以微笑或呵呵。两年后,当出版社计划把我的书翻成英文时,我才心存畏惧。

而在责任编辑建议一起专注于我在印度尼西亚各地的旅行时,我就更加担心。对我而言,书写关于我心爱的印尼,永远是莫大的挑战。我爱印尼,这毋庸置疑。问题在于,我们非常爱国，以至于当我们听到那些自己做得不好的事情时，我们往往会产生抵触。我收到了一些负面评论，有时甚至是威胁。作为《裸眼看印尼》的作者，我就要直截了当地记录我的旅行，而这并不属于友好的印尼"客套"文化，我们从不表达任何僭越之言。最让我伤心的是，遭人指责自己不爱印尼，并被告知，如果我执迷批评，也许就应该离开印尼，加入别的国籍。

自认为我的作品旨在鼓励印度尼西亚政府去做所有急需改善的事情。在游历了世界 64 国之后，印尼仍是我的最爱。对于你们，我的读者们，我希望你们通过这本书领略印尼是多么的美丽和有趣。兴许有朝一日，你们自己也想来亲身体验。

谢谢！

干杯！

崔妮蒂

电子信箱：naked. traveler@gmail. com

博　　客：naked-traveler. com

推　　特：@TrinityTraveler

脸　　书：www. facebook. com/TrinityTraveler

Instagram：@TrinityTraveler

油　　管：www. youtube. com/user/TheNakedTraveler

西印尼

去班达亚齐之旅

2005年,我去班达亚齐出了两天差。2004年的地震和海啸惨剧之后,我想知道这座城市会变成什么样子。

飞机上挤满了人。商务舱里满是使用笔记本电脑的西方人。当我们着陆时,从飞机上看,亚齐看上去土地肥沃,景色美丽。你也可以看到海岸线略有变化,但山脉依旧令人惊叹。绿油油的稻田,洁净的沙滩,湛蓝的大海,要是能在韦赫岛周围潜水就完美了。

离机场不远,就是掩埋着数万名海啸遇难者的坟地。右侧挂着一面横幅,上面写着"欢迎人类英雄,谢谢你的帮助"(它就是这样写的)。路上,有联合国或外国非政府组织捐赠的智能新车、消防车、装甲运兵车、皮卡、卡车和四轮驱动车辆。

> 离机场不远的地方是海啸中数万名遇难者的坟地

一路上能看到很多外国人；我不确定他们都在这忙些什么，穿得像印第安纳·琼斯，当然也有些穿着短裤和汗衫，像是游客的单身女郎。不光是布勒①，我还看到了一群印度人。

我设法找时间参观了拜图拉赫曼清真寺，这是班达亚齐最著名的地标。这座清真寺让我想起曾经看过的一条新闻，摄像机镜头发现一群躲在寺顶上的人观看洪水席卷城市的画面。这是一座雄伟高大的清真寺，除了一堵尖塔墙正在翻新外，几乎找不到任何损坏的痕迹。班达亚齐的市中心已经恢复，里面布满了商店、银行，以及提供当地特色美食的店铺，如唐卡普②和亚齐面③等美味食物。海啸的痕迹可以在街边的泥泞里依稀可见，离机场不远就有成千上万人的合葬坟地。在少数仍需翻修建筑的窗户和屋顶上，垃圾四处可见。一些学校停课，合并在一处开学。在郊区，我看到了一些为海啸受害者搭建的胶合板避难所。

离清真寺不远，能看到一块古阿拉特立帕酒店的标志，它曾是亚齐最好的酒店，但被海啸摧毁了。三星级的苏丹酒店成了城里的首选，它从荷兰殖民时期开始经营至今，坚固的建筑结构使其幸免于洪水侵袭。这座市里唯一的一家三星级酒店，全部被非政府组织的外国工作人员预订了，餐厅每

---

① 印尼人专指西方人的术语，老外。
② 芳香手抓鸡。
③ 拌有美味辣酱的面条。

日的晚餐座位也全部预留给他们。海啸发生前,酒店每晚房费在15万到30万卢比之间,虽然现在有些客房仍在重新装修中,但房价已翻倍。从二楼的一间豪华套间向外望去,是一片泥泞的田野,其间散布着洪水冲来的断根树木。

有趣的是,在南格罗亚齐达鲁萨兰省实行的是伊斯兰法。离开机场,一块广告牌映入眼帘,告知游客"你正在进入一个受伊斯兰法管辖的地区",广告上印有一位身穿穆斯林服装的人的半身像。城市里也悬挂着许多印着"穿着紧身的女人犹如魔鬼"的横幅,"魔鬼"二字采用了恐怖片风格的字体,血从字中滴流而下。另一些横幅上写着:"市民必须穿着可以遮蔽奥拉特①的伊斯兰服装,既不紧身,也非透薄"。四处可见,那些穿着特殊制服的宗教警察在街道上巡逻,逮捕那些不戴伊斯兰头巾的妇女或在公共场所闲逛的未婚男女。那像我这样的非穆斯林人呢?我被告知可以不受此限,但我真的不希望自己被警察抓。所以,我入乡随俗,穿起长袖,戴上头巾。继而最大的问题是,如果想去海滩游泳(万一要去韦岛去潜水),我该穿什么?

> 离开机场,一块广告牌映入眼帘,告知游客"你正在进入一个受伊斯兰法管辖的地区",广告上印有一位身穿穆斯林服装的人的半身像。

---

① 除了脸部和双手之外,几乎所有身体部位。

穿着比基尼的亚齐

2004年海啸发生,一年后,我第一次到访亚齐。2010年,我再次回到这里,想住久一点,走访更多的地方。

我还记得四年多前到访班达亚齐的情形。那是灾难发生后的一片黑暗和寂静,很多警察在四周巡查,这让我神经紧张。而这次,在飞机上,我确定自己身穿长袖衬衫和长裤,头上戴着羊绒围巾。出租车司机的一句"这真没必要,姐",让我惊讶不已。"他们都知道你不是本地人。况且,你看起来像菲律宾人。伊斯兰法只针对本地人。"他还告诉我,亚齐现在轻松多了,尤其是在班达亚齐。我还从他那里获知,实际上自2009年开始这里已从"亚齐达鲁萨兰特区"更名为"亚齐省"。

> 伊斯兰法只针对当地人。

我真的根本没认出来这是班达亚齐。新的智慧机场、平直的道路、新建的楼宇、宽阔的人行道、高大的树木，这是一座干净整洁的新城！所有曾经在这里西方非营利组织的工作人员早已无处可见。那些时刻提醒你重视伊斯兰法的广告牌和海报也已消失不见了。我听从了出租车司机的建议，不戴头巾，四处闲逛，想看看大家会有什么反应——似乎没人在意，也没人关注，我也感受不到自己有什么格格不入的地方，当然警察也没找我麻烦。

无论早上、下午、晚上，还是夜里，聚在一块儿喝咖啡是亚齐人最喜欢做的事。以前聚集在路边咖啡铺的大多是老人，而现在挤爆班达亚齐咖啡馆的则是年轻一代。这些咖啡馆大多 24 小时营业，还都提供免费的 WiFi，不过，随着夜晚降临，男性顾客会越来越多。这种咖啡馆文化严重感染了我，亚齐的咖啡也实在是太赞了。当然，女孩儿大多戴着吉尔巴①，但并不是所有人都会戴，包括一些看起来并不是华裔的人。甚至还有一位女孩儿，头发染得五彩缤纷。男孩儿和女孩儿，戴着头巾和不戴头巾的，当地人和中国人，都同坐一张桌子。亚齐真的变了，我倍感舒心。

有天晚上，在一家咖啡馆，三位漂亮的女孩儿走近了我。她们穿着紧身服装，白色打底裤和戴着头巾。白色衣服，非常紧身，你都能看到她们内衣的线条。而讽刺的是，

---

① 印尼风格的伊斯兰头巾。

她们在兜售一种外国牌子的香烟。就这么着，三位女孩向我兴高采烈地兜售香烟时，突然响起"砰砰砰"三声！咖啡馆的门窗瞬间紧闭，所有的顾客也都瞬间神秘地消失了。我以为一定是自己买烟而遇到警察临检；但不知道是，这是到了伊斯兰教祈祷①的时间，所有的咖啡馆都要关门。我一个人坐着，等着看接下来会发生什么。好玩的是，祈祷一结束，咖啡馆就重新开张，顾客们也都回来落座了。

第二天，我本想出去尝尝当地美食，吃吃亚齐面条、芳香手抓鸡②和其他一些地方风味，而一种无法抗拒的淘气冲动突然涌上心头。我打开了推特号，询问是否有人知道班达亚齐有没有非清真食品。很快就有了回复，我的一个拥趸说，在卫理会教堂附近有一家中式面条店。按图索骥，我找到一家门前没有招牌的面店。在其露台上有一间小厨房，旁边摆放着两张条桌。真的不确定自己是不是找对了地方，缓缓走到厨师面前，问他："您这儿有大肉面吗？"我的心怦怦直跳，觉得自己就像一个做毒品交易的罪犯！厨师会意地笑着，向我点了点头。我狼吞虎咽地干完一大碗面。老实说，味道并没什么非同寻常，但不知怎的，那种享受却是加倍的，因为这是在伊斯兰教的亚齐！

在一家高档酒店的电梯里，我发现一张当地乐队在酒吧表演的宣传海报。海报一看就知道这是一个相当典型的摇滚

---

① 晚间祈祷。
② 一道亚齐式的鸡肉菜肴。

乐队，好奇的是里面有两位戴着头巾的女孩。那个晚上，我的好奇心被激活了，走，去酒吧逛逛。毫无意外，这里的酒单上都是些不含酒精的饮品。我问女服务员（也戴着头巾）："嗨，有啤酒吗？"她说有的，他们确实可以供应啤酒，如果顾客要求的话，但是不允许列在酒水单上。我点了一杯冰啤酒。海报上的乐队很快登台，酒吧也来了更多的顾客，当然大多数是老年人。随后上台的是那两位女歌手。尽管她们戴着头巾，唱得很卖力，但舞跳得并没让人有太多的想象空间！

翌日凌晨，我听到了水花四溅的声音，有人跳进我房间外的游泳池。我朝窗外看了一眼，有俩女孩儿穿着上班服装在游泳！她们甚至没穿我们在雅加达经常看到的那种穆斯林风格的泳衣，实际上她们穿着漂亮的衬衫和长裤，尽管摘掉了头巾。我以为她们跳进游泳池只是偶尔玩玩儿水，但我错了，第二天，第三天，其实是每天一大早，她们都会来，穿着上班的服装游泳，有一次其中一位竟然穿着镶满金属亮片的上衣！

两位穿着上班服装游泳的女孩儿！

去班达亚齐、洛恩加和兰普鲁克附近的海滩，我总想跳进海里。海滩美极了，白色的沙滩、湛蓝的海洋、清澈的海水。然而，一想起酒店里的女孩儿，我就倒胃口。捂得严严实实去游泳，会有什么乐趣？连动一下身都费劲。于是我提醒自己要有耐心，会有机会去韦岛游泳的，那儿有那么多外国游客，气氛轻松多了。

在韦岛，我特意选择住在外国人经营的海边小屋里，希望因此能找到更放松的去处。呵呵！刚办入住登记，他们就说："因为你们是印尼人，按规定我得查看你们的 KTP①。"这不是为了办理入住手续，而是要查明我的宗教信仰。如果我是穆斯林，除非出示结婚证或家庭卡，否则我就不能和男人共住一屋。餐厅里有块牌子提示我们"穆斯林禁酒"。店主抱歉地说："对不起，我只能这么做，不然只有关门大吉了。"好吧，先生！悉听尊便！

意识到这老外是个如此严格家伙，为避免遭到责怪，我想自己最好还是走远点，找一个僻静角落下水游泳。看到有些西方人穿着比基尼在做日光浴，我也脱了外衣，跳下水去。此刻我突然发现，自己穿着比基尼正在印尼唯一一个遵守伊斯兰法的省份游泳。我十分享受地在海里翻滚取乐，直到想上岸的那一刻。哦，糟糕，一群当地人都在看着我！当我上岸时，他们纷纷拿着手机给我拍照，有人甚至问是否可以和我拍合拍。太尴尬了！但内心深处，我却惊喜地发现，即使像我这样身材高大的人，在地球的某些地方，仍会招致某些人的兴趣！

---

① 印尼身份证。

雅加达很漂亮

我真的很喜欢照顾那些到雅加达，这座自己大半辈子称之为家的城市，来看我的外国朋友。

我接待了几位来自澳大利亚和欧洲的朋友。他们大多是要在雅加达工作几个月。因为他们大部分时间都很忙，所以我也只有几次的机会带他们逛逛市区。我们多半只是和朋友们一起出去玩玩，如果他们厌烦了，我就会带他们去千岛①、海边城市安耶尔，甚至回到我的家乡苏卡布米。

那些来自发达国家的朋友们很快就意识到雅加达不过是另一个大城市。他们不是来这里度假的，也许只是在搭飞机之前停下来看望我。一个常见的抱怨是，雅加达没有任何特点。的确，它不像巴厘岛，因其独特的建筑风格，让你一到就会知道自己身处海岛之上。他们总在说雅加达：交通堵塞，别扭的人行道，令人困惑的公共交通系统。如果他们不

---

① 雅加达北部一组岛屿。

来看我，我怀疑他们会把更多的兴致放在购物上。

然而，来自其他东南亚国家的朋友们却又有截然不同的观点。曾有一帮东南亚朋友在巴厘岛度假后来到雅加达。他们唯一想做的就是在国念碑①前拍照留念。我真的从来没意识到一个城市的地标会对游客有如此的吸引力！不过话又说回来，国念碑就如同埃菲尔铁塔或自由女神像一样，如果你没在那儿拍过照，那你的假期就不完整。看着他们在国家纪念碑前摆手弄姿，翻着跟斗，真是太滑稽了。

那天晚上，我邀请他们去市里一家电视台观看脱口秀节目的录制。大家真的非常兴奋！在他们自己的国家，他们从未上过电视，但在雅加达，他们可以现场观看当地名人专访节目。他们最喜欢的是遇见奥巴马，模仿者叫伊尔哈姆·阿纳斯。在菲律宾，假扮的奥巴马和假扮的伊梅尔达·马科斯夫人是人人皆知的胃药广告明星。我简直难以置信他们会开心成那样！

> 国念碑就如同埃菲尔铁塔或自由女神像一样，如果你没在那儿拍过照，那你的假期就不完整。

几个月前，一些我在菲律宾 AIM 寄宿学校的前室友来雅加达参加了为期四天的校友会。其中就包括来自菲律宾的阿尔达和来自越南的狄麦。我带他们去雅加达城市游，还抽空

---

① 国家纪念碑的简称。

玩了杜凡游乐场、世界微缩景观公园、雪湾水上世界和雅加达老城。他们对雅加达的评价非常积极！他们说，雅加达比马尼拉和河内要更干净，更多绿色，更有组织，和更现代化。市中心的纪念碑给阿尔达留下了深刻的印象，包括青年飞扬纪念碑、西伊里安曼陀罗解放纪念碑和摩诃婆罗多纪念碑。"真的太棒了，雅加达竟有这样的纪念碑！"每经过一个纪念碑，她都必须摇下车窗拍张照片。狄麦则感叹于雅加达的绿意盎然，以及那些沿着精心维护的街道而散布的修剪齐整的公园。他还认为雅加达相当干净，这儿的人都能意识到不乱扔垃圾的重要性！"他们怎么会在马路中间建这样一个小花园呢？你们是如何教育大家不要乱扔垃圾的呢？我们国家就不这样！"

另一位名叫伊冯的奥地利朋友，长住新加坡，她想参观伊斯提克拉尔清真寺，说那可是东南亚最大的清真寺。我有点惭愧，虽然我去过不少清真寺，但伊斯提克拉尔清真寺，我却从未踏足过。或许因为她是个老外，入寺前我们被带到管理处报备。工作人员用糟糕的英语要求我们必须穿着他为我们提供的巴迪衫①。结果，我们打扮得像是去做水疗似的，在导游的带领下参观了清真寺。我们发现清真寺的建筑设计本身就具有特殊的含义，例如，五层建筑象征着伊斯兰教的五大支柱，十二根圆柱代表先知穆罕默德的生日。要想

---

① 印尼传统蜡染服装。

把这一切为伊冯都翻译成英语可并不容易，好在她提前做了些功课。参观结束时，她说："他们并没有解说的是，清真寺的建筑师是一名基督徒。"我会意地笑了，这下我不得不带她穿过马路去对面的大教堂。"最大的清真寺就在印尼最大的天主教教堂的对面，这真是太有意思了。"

> "最大的清真寺就在印尼最大的天主教教堂的对面，这真是太有意思了。"

其实，雅加达根本没那么糟！我们应该更关注它，找到它积极的一面，而不是无休止地抱怨。当我在推特上发了我朋友们的所言所语，其结果却完美地说明了一点，回复全都是负面的。"雅加达真的又干净又漂亮？都是睁眼瞎！"这是一个相当令人悲哀的回帖。人们也许应该多出国走走，这样就能学会更爱自己的祖国。不满意雅加达的交通吗？去德里试试。受不了无处不在的摩托车吗？那真该去河内看看。除此之外，有时我们或许应该在雅加达试着做一名游客。带朋友们四处溜达让我感受到了很多这座城市的吸引力，它的历史和文化等等。自己对别的国家或城市知之甚多，而对自己的国家或城市知之甚少，还有比这更令人羞愧的事吗？

小贴士：如果你有外国朋友来你的城市，没必要非要带他们去哪里哪里。我总是鼓励他们先自己做功课，看看他们自己想干啥，所谓众口难调。只有这样，我才会提出出游建议，才能满足他们的预期。还有，别忘了带他们去购物。雅加达的购物中心非常好，有时甚至比发达国家的购物中心还要好。不管他们来自何方，大家都喜欢奥特莱斯！

闹鬼之旅

在万隆要做啥？大多数人会让你去奥特莱斯购物，或者尝尝当地的美食。

很不幸，我总喜欢做一些离经叛道的事，这次我甚至在网上搜索万隆能提供什么。我找到了一个名为"都市垃圾传奇"的网站，是万隆都市传奇的简化版。就其描述而言，这该是类似闹鬼的旅行。我知道在欧洲有"幽灵之旅"，但对万隆也有这样的项目还真是闻所未闻。

接下来，我打电话去预订。"别期望太高。"他们是这么说的，"基本上，只是一次徒步旅行，我们会讲解与那些路过建筑相关的传说故事。你要是有第六感，或许会更有趣，这样你就能看到一些超自然的东西。"我只是笑了笑，我自认为是个逻辑性很强的人，也真不信这类事情。尽管如此，我还是不想独自前往，就叫上了两位朋友，丹尼和罗兰。晚上9点，我们在塔曼贝里屯见到了我们的导游伊尔汉姆。

第一站是位于贝里屯大街的国立第五中学。曾被称作

HBS（霍吉尔·伯格学校）或者荷兰中学，建于1902年。这座老建筑看起来就像是会闹鬼，尤其是它那昏暗的灯光，四周环绕着的大树。"有一个年方16，叫南希的荷兰女孩，她的男朋友是个印尼人，"伊尔汉姆告诉我们。"因为国籍，他们的爱情被禁止，南希就在二楼那间教室自杀了。有很多人声称见过南希的鬼魂，她戴着帽子站在那窗前，人们还听到了钢琴音乐，尽管并没人弹奏。"我从铁门后面抬头望着那扇窗户，但却听不见，也看不见任何非同寻常的东西。"如果你绕着学校走三圈，你肯定会见到她。"伊尔姆告诉我们。什么？！我真的强忍着没笑出来，而此时丹尼却突然尖叫道："没可能！我的相机坏了！！"他脸色苍白，我能感到脖颈上的头发都竖起来了。丹尼那台昂贵的新单反相机事前并没拍过照。我们飞一般跑到了马路对面。

我们很快发现走过一个荷兰老军营。很明显，一位身着深色衣服、长着大胡子的老先生会经常出现在大楼顶层敞开的窗户中。我低着头赶紧迈着步，真的不想见到他。接着我们又去了贾贝尔斯大楼，那里有座三个裸体男孩的雕像。伊尔汉姆告诉我们，雕像的头有时会跟着路过的人慢慢地转动。我继续低头！

接下来，我们来到了班达大街上的"土豆屋"，就在沙帕如亚公园的前面。院子里覆盖着厚厚的落叶，很明显，这座荷兰殖民时期的房子并没得到很好的维护。之所以叫土豆屋，因为你经过时，会闻到煮土豆的味道。故事是说，很久以前有位女人抱着婴儿煮土豆。不知怎么的，婴儿竟然掉进了一大锅的沸水里，被烫死了。罗兰说："嘿，我真闻到了土豆的味道！"丹尼和我什么味道也闻不到，但鸡皮疙瘩肯定又起了一身。我们赶紧远离这里。

> 之所以叫土豆屋，是因为你经过时，会闻到煮土豆的味道。

我们继续前往阿罗依斯学校后面的公园。据伊尔汉姆说，大楼下面有一条隧道，在战争期间那儿曾是集中营。它虽然已关闭了很久，但在学校的地下仍能听到哀嚎尖叫声。真是让人毛骨悚然！

接下来的夜行项目是马鲁库公园，伊尔汉姆突然说："Mbak[①]，快看你左边。"一个黑色的巨型物跳入眼帘，我吓了一大跳！原来是座四米高的维尔巴克雕像，建于1919年。维尔巴克是一名天主教牧师，在被派往马朗之前，他先是在亚齐服务。不幸的是，他在万隆的一次飞机失事中去世。关于这座雕像有两个传说。第一个是中午当大教堂的钟声响起时，雕像的头会随着钟声不断点头。第二个是说，如果你盯着这座雕像看，它就会转过头来，也盯着你看！当然，我没看到它盯着我，但是，丹尼尽管用了三脚架，可拍出来的照片几乎都是模糊的，别忘了他可是位专业摄影师。

---

① 姐，对年轻女性的常用泛称。

最后，我们去了巴胡雷克萨街的急救车房。这里现在开着一家服装店，整体漆成黄色，还配有一座精心修剪整齐的花园。它原本是一栋荷兰人的家宅，后来这一家人死于车祸。那之后，是一辆急救车把他们的尸体送到医院的，那辆生锈的急救车仍停在屋前，希望能助其安息。据说，有时晚上可以看见这辆急救车在马路上行驶，而车上却并没司机。看门人告诉我们，他从未亲眼目睹过这种怪事儿，但他又说，在拍摄由苏珊娜主演的恐怖电影《幽灵急救车》时，剧组一名场工被幽灵附体了。

> 有时晚上可以看见这辆急救车在马路上行驶，而车上却并没司机。

自幽灵之旅归来开始，我每隔30秒就会打嗝，一直持续了三天！打嗝真的很不舒服；我浑身发抖，肩膀僵硬，几乎不能说话。我喝了魔鬼宁汤药①，服用了流感药，还做了按摩，但似乎还是不能停止打嗝。最后我去见了一位"灵媒"，他说我很可能是让恶魔②附身了。显而易见，被恶魔附身是会感到四肢冰凉，而根据我的症状应该与此相似。什么鬼？在整个旅行中全然无事的罗兰，却发现他四岁的女儿突

---

① 一种治疗着凉的草药，用于医治一些莫名而又常见的身体不适，症状包括恶心、发烧和身体僵硬。
② 又称恶灵。

然变得无法入睡，还不停地尖叫。三天后，他们也去看了那个"灵媒"。猜猜他怎么说？他说："你女儿已被一位小姑娘的灵魂控了，或许是位荷兰的小姑娘。"

你信吗？！

美丽的岛屿

"你去过印尼吗？"我问自己一位意大利的朋友。"去过，就一次，不过只在库巴达克待了两星期。"她回答道。

库巴达克？这是我第一次听到这个名字。我朋友不远万里来到印度尼西亚，只是为了在库巴达克岛上闲逛两个礼拜，甚至连巴厘岛或雅加达都没去？难道只有外国游客才知道这个岛的秘密所在？我很好奇（我是很喜欢游岛的），我必须得知道个究竟。库巴达克位于西苏门答腊岛，从巴东驱车需两个半小时，然后换乘 10 分钟的快艇。上岛时，我惊讶地看到一位白人女士打着伞迎接客人，以保护大家免受阳光暴晒。游客大多是意大利人，除了工作人员以外，我们是度假村里唯一的印尼人。大家在餐厅的大餐桌上一起用餐时，我真的根本没感觉到自己是在印尼，每个人都在说意大利话。岛上只有 12 间平房，每一间都面朝海滩，房后是树林，气氛异常惬意。白沙碧海，静谧安宁。一切就像是身处群山环抱的湖岸，山峰高耸，云雾缭绕。真美！

> 游客大多是意大利人，除了工作人员以外，我们是度假村里唯一的印尼人。

意大利人拥有的另一个度假胜地是北苏拉威西岛的甘加岛，到这里需要开车两小时，然后再乘快艇一个小时。见怪不怪，我们仍是岛上唯一的印尼人。梅尼亚瓦坎岛是中爪哇海岸附近的卡里蒙贾瓦群岛之一，这里也很美，有白色的沙滩和清澈的蓝海。为西方游客提供服务的岛屿度假胜地总是坐落在宁静而隐秘的地方，而且路上完全不会见到叫卖的小贩，海滩旁也不会有人摆摊。房间通常采用极简主义风格，里面饰有编织的竹墙和茅草房顶（我5岁的表弟觉得它看起来就像马厩）。在莫约岛，房间是用一大张油布建成的。房费都要用美元支付，但看在这些岛上你所能享受到的私密性的份儿上，也算是物有所值。

这与那些专门迎合印尼人的度假村截然不同。在千岛的塞帕岛，酒店使用了适当的混凝土墙，内部装饰明亮。对大多数印尼人来说，住酒店就意味着坚固结实的墙壁和无所不在的空调。塞帕岛度假村当然很大，有数百间房。在我看来，最糟糕的是酒店大堂，那里总有卡拉OK或现场乐队的表演，实在太吵了！可仔细一想其实也没什么错，这正是我们印尼的实情。我们喜欢聚在一块儿，一起放声大笑。

在印尼，由西方人经营的岛屿越来越多，例如松巴瓦的莫约岛、东加里曼丹的马拉图瓦岛、苏拉威西登加拉的瓦卡托比岛和巴布亚的四王群岛。

> 在印尼，由西方人经营的岛屿越来越多，像例如松巴瓦的莫约岛、东加里曼丹的马拉图瓦岛、苏拉威西登加拉的瓦卡托比岛和巴布亚的拉贾安帕特岛。

与印度尼西亚的岛屿数量相比，大家是否意识到我们大多数人去过的岛屿是如此的少之甚少？我酷爱安静的岛屿和海滩。没有什么比在沙滩上放松一下更能让人愉悦的事了。印度尼西亚是一个由众多岛屿组成的国家，但它们很少是干净的，受到良好维护的。在这 17 000 多个岛屿中，真的只有这几个好地方可供选择吗？菲律宾和马尔代夫也是岛国，它们向我们展示了如何既保护自然美景，又可以管理好所属岛屿的治理能力。

注意：别去这些岛中的任何一个！真不希望这些岛变得拥挤和吵闹。哈哈哈！

邦加的锡旅游

邦加是东苏门答腊的一个岛，是世界上最大的锡产地之一。它的名字来自旺加，意思就是"锡"。该词最早源自在邦加西部的科塔卡普尔发现的公元686年斯里维加亚铭文中。

200多年来，锡一直是岛上主要的矿产，当地人因此而相当富裕。我确认，在邦加自己从没见过乞丐。

当飞机滑过槟港时，我可以看到地面上那些巨大的深坑，这都是勘探失败所造成的恶果。

由于日工资高达40万印尼卢比，邦加人大多都在锡矿上班。学校老师都知道，如果发现班上学生失踪一两天，那他很可能是去了矿井，帮家人挣钱付账。基于这一显而易见的理由，一些父母宁愿自己的孩子去工作而不是上学。

如果他们不在矿井，那很可能就是在冶炼厂。正常估算，一家冶炼厂的老板每月获利将达到1 500亿卢比（按今天的汇率换算下来将超过1 300万美元），邦加最有钱的富豪一人就有三家冶炼厂。贫穷限制了想象，每个月要怎样才能花掉这么多钱！

> 正常估算，一家冶炼厂的老板每月利润将达到1 500亿卢比（按今天的汇率换算下来将超过1 300万美元）。

为了了解更多情况，我参观了坐落在艾哈迈德·雅尼大街的锡矿博物馆。该建筑最初是邦加温尼格锡矿公司的食堂，也是缔结罗姆-罗恩协议前印尼领导人和荷兰政府举行圆桌会议的场所。在这座免费参观的博物馆里，你可以通过实景模型来了解锡矿从手工开采时代直到今天高科技机械化开采的历史。

锡矿开采将挖掘至少5米深的地表土壤，直到锡沙层下，这个开采过程会在地表留下巨大的深坑。然后，锡沙通过管道泵到地表并进行筛选。产量主要由泵的大小来决定。大公司使用大型机械，矿坑也就越大，而小公司，其中大多是非法开采者，使用的泵要小得多。我不清楚后面的管理是怎么做的，在岛上，你所到之处，似乎都有人在采矿，显然他们并不关心那些开采后留下的深坑。

老矿坑里，充满着黑色、棕色、绿色、蓝色或绿松石色的水。颜色越深，开采的年代就越近。实际上，那些绿色和蓝色的矿坑形成了让人印象深刻的风景，这一独特景观遍布在从槟港通往桑加利亚特的道路两边。它们看起来就像是一片片为白山绿树所环绕的蓝色潟湖!

锡矿也可以在近海进行开采。当我乘船顺流而下前往塞姆朱尔岛时,看到很多泰国人和中国人的采矿船正从海底挖矿沙。难怪这里的海滩不可用于游泳,采矿造成的水下矿坑破坏了这里的珊瑚礁。两个小时后,我终于到了塞姆朱尔岛和潘姜岛,所幸的是,那里白沙海滩依旧,好多鱼儿在水中游。

吸引游客来到邦加的潜力还有待挖掘,尤其是美食旅游。邦加的美食可是出了名的,我来了,我知道是为什么而来!这里的面条、*Pempek*①、*Otak-Otak*② 和 *Kerupuk*③,都是最好的美味。

> 难怪海滩不可用于游泳——采矿业形成的水下洞摧毁了珊瑚礁。

我希望政府能对邦加岛上采矿留下的矿坑采取一些更综合性的措施。或许应该以泰国普吉岛为榜样好好学习。世界闻名的度假胜地普吉岛也曾是锡矿的开采中心。

---

① 印尼鱼饼。
② 用香蕉叶包烤的细长型鱼饼。
③ 印尼薄脆虾片。

占碑,旅游业的挑战

在占碑有很多吸引游客的景点,但可用的信息却少之甚少。从业者不积极推广,而当地政府似乎也并不关注。

我去占碑看我哥一家人。一到占碑,我就想去参观慕阿拉占碑佛塔群。我哥在占碑住了五年,都从来没有听说过这个佛塔群,为此不得不为我四处打听路线。而我自己则是通过一位匈牙利朋友才知道这个地方的。

找到佛塔群时,我简直不敢相信自己眼前的一切。寺庙像是从长草密布、森林环抱的大公园里突然冒出来一样。慕阿拉占碑佛塔群是印度尼西亚最大的寺庙群,是吴哥窟的两倍大。1883年,英国海军军官 S.C. 克鲁克首次发现了它,很快外国研究者纷至沓来,他们给寺庙群起了名字慕阿拉占碑。直到1954年,印度尼西亚政府部门才对这里进行了全面调查。1976年,佛塔群才整理完成,最终在1981年才实施了适当的考古研究。当然随后发现了共计82座埋在地下的寺庙,到目前为止只修复了包括坎迪甘蓬、坎迪廷吉、坎迪格东和坎迪基达顿等11座。

慕阿拉占碑寺庙群是一组佛教建筑群，建于10世纪到13世纪的未罗瑜王国和斯里维加亚时期。它之所以被称为建筑群，是因为这些独立的寺庙都是围绕着一个中央建筑而系统建造的，该中央建筑配备了辅助建筑、排水沟、墙壁和入口大门。所有的寺庙都用大块红砖建造而成，因此建筑损毁严重，也就不足为奇了。在这里还发现了中国宋朝的陶瓷，由此人们认为该建筑群应还包括有居民区。在这儿参观的一整段时间里，那些野餐游客所吃的榴莲味道以及特拉戈拉霍湖岸的壮丽景色一直在分散我的注意力。在佛塔群里几乎见不到人，除了一群坐在一寺庙顶上的孩子，他们在那里拍照、大笑、抽烟，我还亲眼见到他们把垃圾丢了一地。真是令人沮丧！

我们还找到了一个博物馆，那里藏有佛塔群周边所发现各种文物，但那天下午博物馆没开门。我绕到博物馆后面，看看能不能找人开门，于是，在公共厕所找到了一位老人。"哦，女士想进博物馆吗？我刚锁完门，今天似乎没人想进去参观。"太棒了！我塞给他一些零钱，鼓励他回到岗位上班，他很开心地带我们四处游览。里面有一尊没了脑袋的普拉德尼亚帕拉米塔塑像，一座迦雅辛加的塑像，寺庙底座的基石、钱币、陶瓷等等。后来还有一些游客也进来东瞧瞧西瞅瞅。我看到他们触摸，甚至亲吻塑像，有的还坐在它们身上拍照！

> 我刚锁完门，今天似乎没人想进去参观。

还有部分文物收藏在乌里普·苏莫哈霍大街的占碑省国家博物馆，但每次经过那里，它都是关着的。我敲了敲门，才知道博物馆正在翻修中。我10岁的侄子指了一条没关闭的小路，我们发现了几座放在户外的几百年前的雕像，而且那里没有看守！

占碑最令人印象深刻的建筑肯定是省长办公楼。这座壮观的建筑看起来很像白宫，却采用了末罗瑜王国风格。楼前是一大片草坪，周围是郁郁葱葱的树木，星期天我们走近大楼前拍照。保安人员很快就发现了我们，要求我们离开，并告知不允许在这里拍照。很遗憾，普通百姓不准参观这么漂亮的建筑，我只能说自己是从雅加达来的游客，只是想拍几张照片而已，最后保安让我进去了。

游人必看的另一座建筑是法拉赫大清真寺，又叫做千柱清真寺。虽然看起来像有1 000根柱子，但实际上只有232根（有点像"千岛群岛"，而实际上只有105座岛）。清真寺的圆形穹顶巨大而色彩鲜艳，窗户的彩色玻璃上嵌着书法。巨大吊灯挂在寺的中央，四十根镀铜的灯柱上满是美丽的雕刻。部分清真寺并没有保持凉爽的寺墙。当我拍照的时候，人们都盯着我看，仿佛在问："你为什么要拍清真寺？"

> 占碑最令人印象深刻的建筑肯定是省长办公楼。这座壮观的建筑看起来很像白宫，却采用了末罗瑜王国风格。

如果你想带一些手信回家，第一个要去的就是蜡染店。以前我只见过爪哇蜡染，这里的却与众不同。它由质地柔软的棉布制成，颜色有令人惊艳的血红色、紫红色、深紫色、橙色、深蓝、绿松石色等等。蜡染图案主要包括有海船、天鹅、孔雀、石榴、菠萝、葡萄和榴莲！1928 年 T. 亚当从阿姆斯特丹殖民研究所带回几位研究人员，之后占碑蜡染便名声鹊起。另外，我听说还有一个占碑蜡染的好地方，在双溪巴塘哈里附近，但我们并不知道怎么去。很遗憾，连龙目岛苏卡拉加这样的蜡染中心都会是极佳的旅游打卡地。

2010 年元旦前夜，占碑举办了一场大型活动，是在市里最昂贵的酒店举行的跨年晚宴。赴宴者穿着极尽华丽，先生们西服笔挺，小姑娘们身穿灰姑娘式的礼服。这是一场自助式晚宴，当然，纷抢美食是平常不过的戏码。但真正让人惊讶的是，一支由易装癖者组成的乐队。他们衣着轻薄，跳着舞，翻筋斗，坐在观众大腿上唱歌！我想这应该会在占碑颇受欢迎，舞厅里充斥着欢声笑语。最有趣的当属那位看手相的萝伦小姐。她站在舞台上，问在座的是否有人愿意给自己算算命，当然，我肯定会举手。她看着我的手相说："小心，*ya Bou*[①]，得当心您的胃，否则你很容易得病。至于伴侣，我既不能说他离得很远，亲爱的，也不能说他很快就会到来。"为这，我赢了一张餐券！

---

① 亲爱的。

无论如何，尽管占碑似乎正经受某种旅游观念的挑战，但从技术层面上看又没什么问题。机场提供免费 Wifi，比雅加达的苏加诺国际机场要好很多。

中印尼

龙目岛回想曲

2012年7月,我陪同"旅行乐趣大赛"的获胜者,借机重访龙目岛。这里自己来过多少次似乎并不重要,重要的是我未曾厌倦过。

这是我第一次体验位于普拉亚的龙目岛新国际机场,它是从安培南的老塞拉巴朗机场搬过来的。新机场给人印象深刻!自认为这是印尼第二好的机场,仅次于望加锡的哈萨努丁机场。

我仍然相信,"在巴厘岛有的,你也可以在龙目岛看到,反之,在龙目岛有的,你未必能在巴厘岛看到。"无论出于何种原因,两岛虽然相距不远,但巴厘岛接待游客的数量却远远超过龙目岛。不过,我还是坚持龙目岛同样具有吸引力。这里有很多从未被游客造访过的风景,特别是在圣吉吉海滩到邦沙公路沿途两侧。即使珊瑚礁正在慢慢消退,吉利群岛依然美不胜收。政府需要在更加有效地促进旅游业的同时,采取好保护自然环境的措施。

> 我仍然相信，"在巴厘岛有的，你也可以在龙目岛看到，反之，在龙目岛有的，你未必能在巴厘岛看到。"

我由衷地怀念1991年第一次来到龙目岛的时光。那是一次背包旅行，烦透了巴厘岛的我和我的朋友贝皮塔，跳上了去龙目岛的渡船。那时，龙目岛和巴厘岛完全不同：当地游客很少，安静异常。我们住在圣吉吉，海滩白净，在那里游一整天泳也不觉得累。我们甚至还结识了一些当地居民！

我们都非常喜欢龙目岛，一年后又故地重游。我和贝皮塔、亚斯敏那次是坐车来的，几个小时后，坐到大家脊背麻木无感。不过那时的我们还年轻，一路开心不已。我还记得在圣吉吉住的旅舍叫庞多克·塞德哈纳。那是一座木制框架建筑，墙壁用茅草堆成，看起来就像廉价的寄宿屋。房价最低的客房特小，里面除了地板上的床垫什么也没有；卫生间是共用的。那里臭虫很恐怖，身上会到处是发痒挠的累累伤痕！我们将旅舍更名为"*Pondok Amat Sangat Sederhana*[①]"。

最后一天，我们的钱花光了，没钱租房了。大家想找一家营业到很晚的夜总会，这样就可以在沙发上过夜。很快我们发觉这里的夜总会都是凌晨2点打烊的。离日出还有相当长的一段时间，到处都关门了，街上空无一人。没辙儿，我们还是回到了庞多克·塞德哈纳旅舍，看看能不能睡大厅！

---

① 非常非常基本旅舍。

服务员本想把我们轰出去，但我们该怎么办呢？我们已身无分文！最后，他也只能摇了摇头，让我们睡大厅。

我第一次去吉利群岛是在1992年，当时那里甚至还没通电，就更不用说有像样的旅馆了。更糟糕的是，我们都玩到破产，不得不睡在潜水员办公室里。发电机只在晚上6点到11点之间开，你如果晚饭后还想出去，就会突然停电，所有人都得从俱乐部挪到海滩和当地人一起玩耍。

聚会结束后，晚上回家也是件巨可怕的事。外面漆黑一片，尤其是在天上看不到月亮的夜晚。不用说，我们忘了带手电筒。要在醉眼惺忪中跌跌撞撞，摸黑找自己的房间，那可是件很棘手的任务。所有的房间看起来都一样：木制框架和茅草竹墙。我都数不清自己有多少次走入别人的房间了，大家都夜不闭户，有一次我甚至睡在别人的厨房里！

2002年，我又回到了吉利德拉娜安岛，惊讶地看到这里有了智能酒店、咖啡馆和酒吧。我在小巷深处的一间酒店租了个房间，因是 *Nyepi*① 的缘故，岛上到处都是从巴厘岛来短期休假的人。比起以前，岛上要拥挤得多，但倒还算干净，还可以光脚四处闲逛。吉利德拉娜安是印度尼西亚的派对之岛。晚上的娱乐活动就是跳杆儿和跳舞。

> 吉利德拉娜安是印度尼西亚的派对之岛。

---

① 印度教的静居日。

时光快进到 2012 年。重返吉利德拉娜安岛，码头还是那个码头，但已经挤满了游客。在海滩，你必须择路而行，才能进入人满为患的大海。几乎没有任何空间，到处都是停泊在岸上的船只和游客。从港口到我住的旅馆的路已铺好，你可以租辆 cidomo（马拉车）四处走走。道路两旁都是酒店、餐馆、酒吧、咖啡馆、潜水社、旅行社、商店，自己仿佛置身于泰国皮皮岛的某条街道，或者是菲律宾的长滩岛。真正让我惊讶的是，这里终于有了一台自动取款机！

请原谅我。我想我是那种有时不太看重现代化的人，尤其是在这么漂亮的岛上。

东龙目岛

　　如果我不热爱大海，也许我就不会一直去那些人迹罕至、无人知晓的海岛。一个恰当的例子，比如巴厘岛最西部的鹿岛。

我最近刚从东龙目岛回来。虽然我经常去龙目岛，造访偏远的地方及其周围的岛屿，但我还从未去过东海岸附近的岛屿。

如果你想到印尼那些远离尘嚣的地方去旅行，你最好在当地认识个朋友。老实说，东龙目岛算不上遥远，可在互联网上搜索后，我吃惊地发现，关于这儿的信息并没多少。我最感兴趣的就是那些未经商业开发，尤其还属于保护区的景地。我已好久没找个安静的村庄待上一阵子了，在那里见不到任何我们已经司空见惯的现代化设施和便利设施。

这次旅行的目的是在一个陌生水域潜水，为此我联系了马塔兰的潜水教练朋友伯恩。我让他租下一整艘船，为三名潜水者和一名浮潜者检查好所有的潜水装备（这次我们是背包旅行，不想带任何的额外重物），告诉他我们到的日期，还嘱咐他要保持低调。

我们挤进了托潘驾驶的小型厢车，他也兼任我们的潜水教练，车上装着所有的潜水装备、十几瓶氧气罐，还有一个压缩机，开了两个小时，才到了东龙目岛。因为已是午饭时间，正在涨潮，我们直奔达达村，船东罗希马大叔就住那儿。按当地风俗，父亲的名字会传给长子，所以也会听到类似"罗希马爸爸"的叫法。通往海边是一条土路，在稻田间穿行，还能看到趴在池塘里降温的水牛，意想不到的是，路上还竖着"要排便请上厕所"和"好人不在林子里排便"的告示牌。

> 按当地风俗，父亲的名字会传给长子。

我们当时住在一个叫拉布汗班丹的小村庄里。负责接待我们的是萨利赫大叔，他开了一家叫乌兰达里的小百货店，主要为附近珍珠贝养殖场的工人提供一些食物。一日三餐，我们都吃着刚从海里打捞上来的海鲜。我们每个人都喜欢海鲜，这真的太好了，尤其是配上美味的贝洛克酱（一种将龙目岛的辣椒、番茄和虾酱放在杵臼里舂捣而成的混合蘸料）。我胃病还没好，只能吃几滴蘸料，但即便如此也足以感受到它的辣度。还有龙目岛咖啡，也很棒。有一次，萨利赫大叔用椰汁和龙目咖啡给我们做了"椰汁咖啡"。美味之极！

当时我们是住在红树林管理委员会的办公室里。和萨利赫大叔家的厕所一样，办公室厕所用的是蹲式便器，但它是在一个75厘米高的混凝土块上，几乎和盥洗水盆一般高，你小解的时候就会小心翼翼地，害怕会溅到干净的水盆里。一到晚上，电是忽有忽停，很明显电力供应不足。一来电，每个电插口都在充手机和照相机。

住在安静的村子里，晚饭后我们会在外面玩耍、聊天、吃坚果、数壁虎的叫声（显然这只还很年轻；声音沙哑，听起来就像是鸭子呱呱叫声），我表弟伊兹拉则模仿电视主持人，逗得大家哈哈大笑，我们还会听音乐，用iPod看视频，玩游戏，用手机上网（GPRS网速还挺快，龙目岛上可能只有我们在用它）。但上床睡觉可是件让人头疼的是。如果开着门窗睡觉，就会被蚊子叮咬，但关了吧，房间又太热。驱蚊剂根本没用，只能抹一些风油精。

我们在东龙目岛周围潜了三天水，其中包括在云雾缭绕的林查尼火山前的3 210公顷珊瑚礁探险。透过清澈的海水一眼就可以看到珊瑚礁群。罗希马大叔的船尾拖着两条橡皮艇，乘坐八个人用起来正正好好。

> 透过清澈的海水一眼就可以看到珊瑚礁群。

这里的鱼并非罕见种类，但我们依然见到了黄貂鱼、白

东龙目岛

尖礁鲨、海鳗和海龟。真正令人称奇的还属软珊瑚，浅棕色、黄色、粉红色、红色和紫色的一大片珊瑚，仿佛置身于丰收季的意大利托斯卡纳葡萄园！随着卷须地张开和闭合，照亮的是像圣诞树一样的珊瑚礁。海洋里的巨浪似乎在向我们招手，呼吸呼吸！

午餐时间，我们会寻找荒岛或划橡皮艇。这样清澈的蓝海，白沙的海滩，红树林和火山，能同处一景实在难得。从吉利苏拉特到吉利拉朗的路上，我还发现了一片树林，树林中生长着17种红树，种类数排名世界第五。吉利佩坦甘、吉利兰普、吉利比达达里和一个无植被的沙岛都是拍照、跳跃或水上漂的好地方。这些都是吉利特拉旺岸无法比拟的！

每日一语：一个地方越是难去，去的人就越少，环境则越是漂亮。

海上的自取其辱

在越南的下龙湾和土耳其的地中海乘坐过游轮之后，这是我第一次在印度尼西亚坐游轮，花了三天时间从东龙目岛航行到弗洛雷斯的拉布汗巴焦。

这次特殊的"帆船航行"原本是为西方背包客设计的。在我看来，参加这次航行并不便宜，只是一艘长 23 米、宽 5 米的木制帆船，只有 7 间木制小船舱和 3 个共用浴室，供 7 名船员和 26 名乘客使用，其中许多人要像沙丁鱼一样挤着睡在甲板上。

实际上，土耳其游轮上只有一半数量的乘客，而且那可是艘大船。更糟糕的是，帆船上的 7 间木制小船舱是真的很小，只够放几张上下铺，也没有舷窗。还有，那并不是真正意义上的上下铺，更像是刚好可以塞进去海绵床垫的木架子。

可以想象，我们三个人挤在一间小船舱里，一个睡上铺，两个睡下铺，要想占有最佳睡觉位置，那得要上演一场斗智斗勇的戏码。失败者可是要为患上密闭恐惧症做好准备：睡在下铺最里面的铺位上。空间太小了，你甚至不能在铺位上坐直身体，如果你想出去，你就得从那位有幸睡在你旁边的人身上翻滚过去。

> 可以想象，我们三个人挤在一间小船舱里，一人睡上铺，两个睡下铺，要想占有最佳睡觉位置，那可是要上演一场斗智斗勇的戏码。

尽管越南和土耳其的游轮旅行也是针对背包客市场的，但每个船舱都有自己的浴室。在这艘帆船上，公共浴室在较低的楼层。幸运的是，西方人似乎不太喜欢洗澡，所以我们找个淋浴间还不算难。

船上的 26 名乘客中，我们是唯一的印尼人，其他船友分别来自欧洲、美国和澳大利亚，都是些二三十岁的年轻人。我们被船员称为"印尼公主"，当然，这使我们成为全船的明星。不错！我们可以免费享用超辣的辣椒酱和当地的 *tuak*①，只要需要，船员也可以兼任我们的私人摄影师。

美中不足的是，大多数乘客都是情侣，很难和他们接近。除了和船员们出去玩，我们还结识了来自瑞典的一家人，父亲是军人，安静的母亲和三位被家长管到有些沮丧的青少年。船上最帅的是一位荷兰人，长得像电影《木乃伊》

---

① 一种叫做 Sofi 的亚力酒，是含酒精的传统饮料。

的主演布伦丹·弗雷泽，但他总是和女朋友守在一起。第二帅的是那三位瑞典孩子中最大的那个。说实话，船上都是外国人是有好处的，我们可以穿着比基尼放肆一整天，这当然省了不少衣服。

帆船航行是从圣吉吉岛起航的。我们就先在东龙目岛待了四天，到了出发日下午2点才和其他乘客一起在码头集合。第一站是到佩拉马岛（其原名实际上叫近藤岛，当时岛改名时，当地人可是提出了相当强烈的抗议），我们想在海滩上休闲放松一下。晚饭后，就到了围坐篝火弹吉他玩音乐的时刻了。大家都收到了一张写着歌词的纸条，要我们跟着唱赞美佩拉玛岛的岛歌！

"米发搜拉搜米搜……我们爱佩拉玛，我们奉献的地方。"

这感觉就像是在大学新生典礼，只是更差劲一些。然后导游宣布："非常高兴，带团四个月来，船上还是头一次有了印尼乘客。为此，我们很想请他们献歌一首。"

什么？我们要被拉出去唱歌了！就像幼儿园小朋友，我们站在全船人面前演唱"杀完鸭子杀完鹅[①]。"快到结尾时，船员们顺着我们的曲调，加入了"我在航行，我在航行，有一次归航，穿越海洋[②]。"

[①] 印尼一首家喻户晓的儿歌。
[②] 英文歌曲《I am sailing》。

海上的自取其辱

之后，我们又要跳 *Poco-Poco*①。对老外来说，也许会觉得很可爱，但对我们而言，就觉得很怪异。幸好，他们没让我们再手牵手唱儿歌。那天晚上玩到九点钟，我们终于回到船上继续出发。入夜，船上的灯都熄灭后，我们在甲板上待了一会儿，才回舱睡觉。平安无事了。

第二天早上9点，我们到了萨东达岛（在松巴瓦岛的北面），那里有个美丽的环礁咸水湖。当我们玩水玩得不亦乐乎时，一艘更大更智能的船驶了过来。我们讶异地看到，那艘船上只搭载了9位乘客，而在我们这儿却有26人之多。我敢打赌他们一定都得用欧元支付所有费用！

五小时后，我们又出发了，自取其辱不约而至。刚开始我们在甲板上边玩边晒日光浴，兴致挺高，但过了没多久就感觉炎热无比。小船舱里也很闷热。坐在右舷，一片阴凉。走过另一边的用餐区，下面是船长室，之后再回到甲板。一路，无论走到哪里，我们都一而再再而三地碰到同一批人——船实在太小了。

到了东戈，停航一小时，我马上离开船舷，不用猜，其他乘客很快就跟了上来。当晚睡觉时，帆船驶入了暴风圈，开始左右猛烈摇摆。我竭力入睡，手紧紧抓着墙上的把手，真害怕从上铺摇落在睡下铺的亚斯敏的身上。

---

① 印尼的集体舞蹈。

> 这儿是本次航行的亮点；美丽的沙滩果真是粉红色的，这也是地球上仅有的七处之一。

早上 7 点，我们终于到了科莫多岛的陆良。徒步一段时间，到了 *Pantai Merah*①。这儿是本次航行的亮点；美丽的沙滩果真是粉红色的，这也是地球上仅有的七处之一。之后船再次起航，是我们第二次遭遇"自取其辱"的高光时刻：大雨迫使大家挤进狭小船舱。百无聊赖之下，我们决定处理和分享航行照片，编完一个关于得了重感冒妓女的故事分镜头。说真的，这也太搞笑了！三小时后，航程结束。我们终于靠泊在拉布汗巴焦码头。

太解脱了！

---

① 粉红海滩。

谢谢了，小科莫

我一直想去科莫多岛亲眼看看被称为科莫多龙的巨兽，这种世界上体形最大的蜥蜴。

从电视看到的科莫多龙是真的可怕，我永远都挥不去一只山羊被一口吞下的画面。在出发前的整整一个月里，亚斯敏、嘉娜和我（我们谁都不是小孩子）都忙着提升我们的科莫多巨蜥逃避技术，以防突然遭到攻击。显然，我们要面对的是一只长约 3 米、重 70 公斤（空腹条件下）的科莫多巨蜥，它可以以每小时 20 公里的速度奔跑，能爬树，还会下海游泳！

外国电视上甚至提过一个故事，一名游客因为穿着臭袜子而被大蜥蜴追赶！有些朋友上网搜索后告诫我们，应该穿戴好全套的徒步旅行装备，紧跟导游，别穿红色衣服，确保不在当月例假期间等等等等。读得越多，我们就越担心。这与《小科莫》动画片中赛杜哥所唱的"车停下，车停下，小科莫在过马路呀"可真是大相径庭。

> 应该穿戴好全套的徒步旅行装备，紧跟导游，别穿红色衣服，确保不在当月例假期间等等等等。

为此，因为都是女性的缘故，我们首先要算各自的经期。得出的结论是，亚斯敏应该会在我们到科莫多岛时来例假。她甚至给旅行社打电话咨询，旅行社告诉她，只要让导游了解情况，她就会没事的（我老在想她走向一位完全陌生的人，对他说"我来大姨妈了！"的样子）。

其次，是忙着整理衣柜，我们还真没做好徒步旅行的准备。徒步靴又大又重，特别是要放进背包里，再说只会穿几小时。嘉娜已经自豪地宣布她在雅加达著名的梅耶斯蒂克市场买了双登山凉鞋。

我忍无可忍，"嘿，你穿便宜的登山凉鞋，你的脚会臭气熏天，大蜥蜴会追着你跑的！"

"等一下！"她开始反驳。"人家有质保三个月和官方网站。人家可是一家有信誉的公司！"

我们都人心惶惶了。

船到达世界遗产科莫多岛时，导游给我们做了简单介绍。"公园里生活着2 500多只科莫多巨蜥。它们喜欢食肉，包括人肉。"

有位外国游客闻后顿觉兴致索然，问："我可以直接待在船上吗？"

事到临头，无路可退了。船上所有穿着轻便的外国游客，突然间，都变成了印第安纳·琼斯，装备齐全，戴着帽子，身着卡其布衫和裤子，脚蹬徒步靴。不用说，我们仨人看起来就像仨傻蛋。我们所担心的是一定要保证都喷上了足够多的驱虫剂。

糗事还没完。当科莫多国家公园的向导员问："有没有想走短程徒步线路的？"

我们仨人不约而同地举起了手。

"那中距离线路呢？"

无人回应。

"那长距离呢？"

此时，剩余的 23 只手举向空中。真讨厌！其实这倒也不是什么坏事，我们仨分到了自己的向导员，而其他这么多游客只能跟随所剩的两位向导。除了真不想去徒步旅行之外，我们也很庆幸这样就不必费劲跟上他们大步前进。

徒步旅行是从树叶稀疏的林子中的一条土路开始的。吸溜！吸溜！唉，什么声音？所有人瞬间安静，秒成塑像。

"是头野猪，*Kak*①。"向导哈姆努尔告诉我们。

天哪，这猪可真大，还是深黑色的。之后，我们在科莫多大蜥蜴们经常洗澡的泥坑旁等了一会儿。啥也没出现。

"时间太早了，大姐。"

---

① Kakak 缩写，大哥或大姐。

我们在好奇和恐惧之间继续前行。努力得到了回报，爬到山顶，我们看到了陆良湾壮丽的风景，郁郁葱葱的山坡四周环绕。这么着，走了这么多路，只见到了一头野猪，一头水牛，一只鹿，科莫多巨蜥都在哪里啊？回到开始徒步的进门处，我们始终没有看到一只巨蜥。我们横渡大海，攀爬山岗，真的连一只巨蜥都看不到？向导哈姆努尔开始为我们感到过意不去了，他把我们带到一间高脚屋楼上的咖啡店，并说一旦看到什么，他会告诉我们的。就这样，我们等着，店老板给我们做了几杯美味的弗洛雷斯咖啡。

没过多久，哈姆努尔对我们大喊，海滩上有只巨蜥，我们立马跑了过去。

"别跑，它会追你的！"他说。

我想知道，真的被一只巨蜥追赶，我们是否能当它是一条狗呢？我们蹑手蹑脚地走近这只在正午烈日下懒洋洋晒太阳的大蜥蜴。这真是一只科莫多大蜥蜴！我们终于成功了！它体形巨大，鼓鼓的胃，身披装甲鳞片，长着分叉的长舌和有力的脚爪。给它拍照都让人害怕，我们仨人挤成一团，老想躲在向导的身后。结果证明，科莫多巨蜥并不像大家想象得那么可怕。它与在千岛群岛的科托克岛上所看到闲逛的巨蜥并没有什么不同。

> 结果证明，科莫多巨蜥并不像大家想象得那么可怕。

谢谢了,小科莫

我们又回到咖啡小店继续喝咖啡。接着一只科莫多巨蜥就在我们眼前从咖啡小店走过，我们又赶紧跑过去。这家伙真是大，不过很明显，它已有50多岁的年龄了。那群老外经过"漫漫的"长途跋涉终于也回到了这里。一路上他们也没见着一只科莫多巨蜥，现在这可是他们第一次看到。幸亏我们选了短程线路！现在，我们可是信心满满，没有向导的保护，我们就敢在大蜥蜴旁边拍照。我们是印尼人！当然，我们必须和科莫多巨蜥合影，让老外们颤抖吧。

美丽的拉布汉巴焦

拉布汉巴焦是西芒加莱的一个渔业小镇,是东努沙登加拉的一个区,位于弗洛雷斯岛的最西端。

拉布汉巴焦因是科莫多国家公园的起点而闻名,该公园由80个小岛组成,其中包括科莫多岛和林卡岛。从海上驶来,根本就看不到这个小镇,那些停靠在海边的船只把它遮挡隐藏了起来。主干道,苏加诺·哈塔大街,与海岸线平行,仅两公里长,路面泥泞,满是坑洼。在国外网站的地图上,被奇怪地称之为"跨弗洛雷斯高速公路"。

大街两旁有杂货店、餐馆、小旅馆、青年旅舍、旅行社、货币兑换店、潜水服务社,当然还有美发店,鳞次栉比。其中有一个叫贾利尔的美容院,光看店名就让我觉得挺搞笑的。窗户前放着一个塑料大水桶,里面还有一只水舀。洗头时,你就很清楚那水不是自来水。事实证明,正如对门上招牌的猜测一样,美容师是位身材高大的黑人绅士!

我喜欢这个小镇的原因之一是这里只有一个红绿灯,而且它还不能正常工作。当地的交通工具是安科特（类似面的小型厢车）或欧杰空。当然，行车路线就是在这条两公里长的大街上来来往往，偶尔也会上一下山。只有两家供应商提供电话信号服务。这儿的机场名字很惊悚，叫班达拉科莫多（科莫多机场），位于小镇东面 2.5 公里处。办理登机拿座位时，你可以闻到航空公司工作人员身上时不时散发出来的丁香烟的怪味。

> 当地的交通工具是安科特（类似面的小型厢车）或欧杰空。

这次，我们三个人（都是女孩）是唯一的印尼游客，其余都是西方人。那印尼人都在哪里呢？"这儿见不到很多，大姐。会有些印尼游客来这儿，但她们通常和自己的老外男友待在一起。"

哈哈，好吧，其结果是，我们又一次成了当地的名人。貌似所有路过的人都想和我们打招呼，但是他们一开口总是先说英语。嘉娜甚至经常接到"出租车"司机的电话。最终，我们住在了山上。当时周围漆黑一片，我们要走过一条破土路才能到达旅馆。我们并不想四处游逛，而且下午 6 点后就没有公共汽车了，因此我们收集了各种花里胡哨的司机名片，他们都愿意在下班后来给我们当导游。

拉布汉巴焦是个老外村。不仅是旅行社，连酒店、餐馆和潜水服务站几乎都是外国人开的。我们住的旅馆就是由两位嫁给当地人的荷兰女人经营的。旅馆里的餐吧老板是位英国女人。潜水服务站是德国人、荷兰人和英国人开的。甚至连科莫多国家公园也是由一家外国公司来经营的。

无论到哪里都得尝尝当地料理,这是我们旅行的最爱之一。这里的餐馆似乎只为迎合西方游客习惯,菜单大多仅限于三明治、汉堡和意大利面。最著名的餐厅叫加迪纳,但是,如果位置偏远的餐馆,其菜单上往往一多半的菜是点不上的。

"我们没有这个菜,大姐。"服务员操着浓重的东印尼口音说道。

"为什么没有?"

"我们没备菜,大姐。"对方回答道。

就是这样。即便在餐吧,那间刚开张的智能餐厅,回答也是如出一辙。

我最喜欢吃东西的地方是阿托摩洛食肆,那里是做爪哇饭的,冰箱上还很搞笑地贴着德隆[①]的签名。我叫了份2万印尼盾鱼饭,主菜是一条大石斑鱼和米饭,配菜是生菜蘸辣椒酱。真的很好吃!我还发现有一种叫慌张汽水的也很有意思,我猜这是雅加达的快乐汽水的翻版,我们乐此不疲地猜着究竟添加了什么成分会让人紧张!

---

① 印尼歌手,曾赢得综艺节目"印尼偶像"的第二名。

美丽的拉布汉巴焦

事实上，当地食肆虽然相当多的，比如烤串摊和巴东餐馆，但我们路过的每一间小餐馆却总都关着门。

"新年假期。"有人向我们解释。看来今年他们一定是延长了假期。

最热闹的夜生活在天堂咖啡馆，那里可以欣赏到壮观的夕阳西下，还有雷鬼乐队的现场表演。带回家最好的纪念品是弗洛雷斯咖啡和拉维特辣椒。这里的辣椒真的超级辣，我们仨全都被辣翻了。一碗面条里放一小根辣椒就能让我们热泪盈眶，双唇肿胀，鼻涕横流，脑仁暴疼！不信，请随便尝试。

那么，我们在拉布汉巴焦的五日游是如何度过的呢？第一天，我们四处闲逛，以便从东龙目岛三天艰难的海上航行中恢复过来。这是我第一次晕船，即使在酒店客间，仍然觉得地板在晃动。晚上，我们去了裴德海滩，那里有东努沙登加拉省唯一营业的四星级酒店。在那儿的泳池游泳，会有许多双眼睛透过围栏盯着你看。

接下来的三天，我们跟着岛上唯一一家印尼人开的潜水俱乐部 CN Dive 老板孔多先生一起去潜水和玩岛礁穿越，他是第一个在科莫多群岛上做潜水旅游生意的，他有一艘20米的大船，而我们则是唯一的乘客。我们的潜水教练名叫古斯迪[①]。我们都猜他是巴厘岛人，结果草率了，他的名字原来

---

① 古斯迪是巴厘岛很常见的名字。

是阿古斯迪努斯的缩写!

> 这也是我头一次与一群有数百万条凤尾鱼的鱼群同游。

我们一定见过成千上万种鱼类、珊瑚和海绵,更不用说鲨鱼和蝠鲼,这都拜浮游生物丰富的海洋所赐。珊瑚礁鱼类通常长得很小,如引金鱼、狮鱼和石斑鱼,但在此地却个头很大。这也是我第一次与一群有数百万条凤尾鱼的鱼群同游。鱼实在太多了,我们完全失去了方向感。

这些岛屿的美令人难以置信:白色的沙滩,蓝色的海洋,健康而又绚烂多彩的珊瑚礁,而这一切全都映衬在苍翠山丘和湛蓝天空的背景中。完美至极!虽然这里的洋流相当强劲,但隐秘在科莫多国家公园海底的自然世界,却让这里成为自我所见过的最好的潜水地点。万幸的是,我们没在海里碰上科莫多巨蜥!

神出鬼没的莫忧岛

人在旅途，大家都经历过一些恐怖时刻，尤其是在登山或林中露宿的过程中，我听过最恐怖的是有人被鬼上身。

在 1993 年我遇到过这样一件极其神秘的事情。当时我们和俩闺蜜去松巴哇的莫忧岛，她们想看安缦瓦纳豪华度假村（安缦连锁度假村之一，一定会不虚此行）。之前戴安娜王妃以及其他世界各地的名流都曾在此下榻。我们也听闻岛上有瀑布。

当然，安缦度假村，我们可住不起。为了询问怎么去瀑布，我们找到了村长大人的家。然而，让我们大失所望的是每一位村民，也包括村长大人，都劝说我们别去瀑布。大家说了一堆的理由，有的说去那儿路难走，有的说太远了，还有的说很危险。第二天早上，我们在阳台上喝咖啡时，一位白发老人向我们走来。我们问了他瀑布的事，最后终于是有人愿意告诉我们怎么走。

"这并不复杂……只要沿着小路。路大概有一辆车那么宽,所有去看瀑布的人都得这么走。"

当天晚上,村里的俩男孩被我们说通,愿带我们去山林里徒步穿行,还安排好他们的朋友第二天在岛另一端的海滩上接应。小路真的像一辆车那么宽,但我们走得越深,林子就越茂密,路也变得越发得窄。俩男孩开始害怕了。

其中一位说要回家。"姐,我顶不住了。不久前我就开始撞鬼。"

我们只是笑了笑,还真没感觉到有什么可害怕的。之后,另一个男孩问他是否也可以回家,而理由都是一样的。"这很危险,姐,这很危险。"说完他也急匆匆地跑开了。

我们决定继续前进,即使没有他们跟在身边。毕竟走了三个小时,现在回头为时已晚。

没走多远,就听到附近有棵树倒下的撞击声响。我们停住脚步。几分钟后,撞击声再次响起。透过树林,我们可以清楚看到一个巨大的黑色物体,毛茸茸的,还喷着鼻息。

"嘘!安静……面前是什么鬼?"

> 让我们大失所望的是,每一位村民,也包括村长先生,都劝说我们别去瀑布。

我的那两个闺蜜吓得倒要快尿裤子。"啊?我,我,我想那该是只野猪,要,要,要不,就,就是一头野牛?"

神出鬼没的莫忧岛

我想起小时候在 Pramuka①学到的逃身术，就对她们说，"我数到3，大家就转身，之字形分散跑，懂吗？一，二，三！"在大黑兽的追赶之下，我们慌乱地一会儿向左一会向右狂奔，奔向身后树木砰然倒下的地方。很快我就累得不行了，我的第一反应就是上树。那俩闺蜜很快就有样学样了。我们仨各自偷偷拿出武器。很不幸，我们身上只带了胡椒喷雾、一把瑞士军刀和一些盐！更可笑的是，我们选择的那棵树是很容易被撞倒在地的。野牛好像已经离开，我们决定回村，去他的瀑布吧。

正当我们要转身离开时，才发现并不清楚自己身在何处。我们所选的路到处都有分岔，既狭窄，又潮湿，周围树木茂密。我们默默地沿着右手边的路，快速行进。一小时后，我们惊讶地发现，自己来到了一直在寻找的瀑布下！真是美不胜收。瀑布由几个不同高度的水潭组成的，山水逐级逐潭落下，最终汇入底部最大的水潭里。我们已经忘了不久之前那可怕的历险，在水潭中畅快裸泳，我们真的已经顾不上从背包里找泳衣了。真是太爽了！

奇怪的是，在回村子的路上，总觉得有什么东西在拍我们的肩膀，喊着我们的名字。我们排成一条直线，一个跟着一个，保持足够的间隔距离，完全不敢出声。因为我们再次感到了恐惧。

---

① 童子军。

天快黑了，我们走到一座小山岗，从那里可以俯瞰整个村子。我们是怎么走到这里的？我们很肯定来的时候所走的路是相当平坦的。我们继续前行，向着灯光前行，直到我们遇到了村里的一个男孩，他是骑马出来和我们会合的。

"快走，姐，再快点。"

回到村里，所有人都担心地站在一起等着我们。他们甚至接二连三地过来亲吻我们的脸颊！

"感谢上帝，你没事了，Nak①。"

嗯，这都是怎么了呢？

当我们回到村长大人的家，都坐下时，村长大人说："这个村庄里没人够胆进林子。马塔兰②的老国王就是在那里淹死的，那儿有很多鬼。他们喊你的名字，一旦你思想不集中，就会被带进他们的王国，那可就再也见不到你了。我们村里已经有不少人失踪，谁都不知道他们去了哪儿。有些有幸活着回来的，一回村就疯了。他们回来时，头被剃光了，怀里揣着一个小西瓜。幸好你遇到了野牛，它迫使你们回了头。你们很幸运，这次只遇到一头。你们想知道山上有多少头野牛吗？一千头！"

> 马塔兰的老国王就是在那里淹死的，那儿有很多鬼。

---

① anak 的缩字。孩子。
② 龙目岛的首府。

什么?

"可是我们今天早上遇到的那个白发披肩的老人家又是谁呢?是他跟我们说可以进山的。"我问道。

"老人家?这里没有上年纪的老人家,更没有白发披肩的老人家。在这村里我是年纪最大的。"村长大人答道。

啊!!!

帕索拉之旅

帕索拉节是由西松巴人举办的，为了庆祝水稻插秧季的一项活动。

这个节日的亮点是 *perang kuda*①，比赛双方骑在马背上互掷木制长矛，一决胜负。帕索拉节于每年2月在兰博亚和科迪举办，之后3月时移至瓦努卡卡和高拉再办一场。这一切都是从一位老外朋友那儿获知的。作为印尼人，我很难为情地承认，我之前从没听说过这个节日。因此，当我想在网上订票时才发现，很多欧洲旅行社都推出了帕索拉节购票套餐，所有的门票也早就被一抢而空了。这使这项活动更具异国情调，我、普丽塔、伊朵越发兴奋地想去看看。

在日出前，我们飞离雅加达，其间在库邦中转，三小时后，抵达温加普。从温加普又坐了三个半小时的车才到瓦伊卡布巴克——西松巴的首府。当天晚上，我们刚到莫纳里萨

---

① 骑马比武。

酒店，酒店老板亨基先生就告诉我们，帕索拉节的游行活动将在两个小时后开始。我们几乎都没时间做做伸展运动，准备一下，就不得不再次出发！我原以为帕索拉节只是一项骑马比武的活动，可实际上还有不少仪式，比如上山祈祷和召唤海蜈蚣。亨基老板把导游查尔斯先生介绍给我们，接着大家就出发去瓦努卡卡河。

游行从乌布贝维山顶开始，拉托·东古·瓦都就居住在这一圣地。拉托是指领引帕索拉节的马拉普教（当地的万物有灵教）牧师，而东古·瓦都则是当任牧师的名字。马拉普教是松巴岛的传统宗教，崇拜众神、灵魂和祖先。虽然现在大多数松巴人都是基督徒，但仍有一些人坚持古老的马拉普教传统。要上山顶，我们得从还没通电的卡巴克小村步行出发。在黑暗中，我们沿途看见不少传统的松巴尖顶房屋，在仪式入口立着一座巨大的石头坟墓。

> 马拉普教是松巴岛的传统宗教，崇拜众神、灵魂和祖先。

我们步行穿过森林，爬了两个小时，终于到了山顶，大家都精疲力竭，上气不接下气。

仪式前夜，只有马拉普教的人才可进入乌布贝维山。在导游查尔斯先生的帮忙交涉下，我们最终获准加入他们的游行队伍，条件是我们先要奉献一只鸡给拉托，以祈求天神的原谅。即使这么做了,也不能保证我们就可以加入。一切都要取决于天神的旨意,而天神的旨意是可以在杀完鸡后从鸡毛和鸡心上读取出来。真是够了!经过20个小时的旅程,再加上2小时的爬山,如果我们还是不为他们的天神所接纳,难道还真要把我们送下山不成?

午夜时分,拉托走到祭祀台上望向我们。他已经六十多岁了,虽然身材瘦小,却魅力十足。他给了我们一个装满槟榔的编织袋子,作为回礼,我给了他一些钱。随后他猛击鸡头,将其打晕,然后抹脖放血,接着他边数数,边拔鸡毛。我能听到我的心怦怦直跳。"你不会有问题的。"他通过导游查尔斯先生的翻译这样对我们说。太好了!然而,法事还没有结束。拉托切开了鸡胸,开膛取心,看了一眼。这是我们一直在等待的时刻。公布真理的时刻!四下寂静片刻……直到拉托宣布:"天神接纳了你们的祈求。"我真是松了一口气!

凌晨2点。拉托带着四位男士一起走来,坐在入口对面的大石头上。他们穿着黑色服装,系着松巴岛编织布腰带,还配挂一把 parangs①。他们头上围着黑布,再用粗发编成的长辫捆扎牢靠,每人都戴着重重的金三角耳环。拉托领衔开始祈祷,听起来有点像说唱音乐。一天漫长的旅途劳顿袭来,我突然意识自己已精疲力竭。半小时后,拉托从石头上

---

① 印度尼西亚的砍刀。

下来，用椰子油轻抹我的额头。随后，跟着拉托、他的太太和那四位男士，一起下坡，走向海滩，在整整两个小时的进程中，他们每个人一直大声呼喊着海蜈蚣："呼，呼，呼，呼呼呼！"在一座房屋前我们停下了脚步，原来当地各村的村长都聚集在里面聊天儿、喝咖啡、休息，要一起等待东方日出。之后，我们和村里的人汇合，继续走向海滩。"呼，呼，呼，呼呼呼！"

被巨大岩石包围着的海滩上，已有一群人在等着迎接游行队伍。老外游客中，还有几位主持人正在为国外电视节目现场报道这次活动。我为自己是印尼人而倍感自豪！拉托和信徒们继续祈祷。太阳升起，拉托手拿着渔叉走向大海。他弯下腰，从海水里捉起一只色彩鲜艳的海蜈蚣，仔细察看着。没人知道海蜈蚣会在什么时候出现，但不知怎的，拉托就能准确地知道它们出没的时间，可一天前这片海滩上连海蜈蚣的影子都找不着。拉托从海边折返回来，向人群和媒体发表讲话，宣布海蜈蚣长得很肥，这是个好兆头，今年是个丰收年。现在帕索拉节开幕！人群中爆发出一阵阵的欢呼声，纷纷提着水桶冲向大海，想捕捉尽可能多的海蜈蚣。我还没明白这些人为什么要抓海蜈蚣，但很快一个当地人给了我启发。"海蜈蚣是用来吃的！真的很美味。"我无法想象会有人想吃一只亮蓝色的海蜈蚣。

趁我们等待庆祝活动开始的间歇，导游查尔斯先生讲述了有关帕索拉节的传说。很久以前，在怀旺，有个名叫乌姆布·都鲁的和他的两个兄弟一起出去捕鱼后良久未归，村民们都以为他们死了。乌姆布·都鲁美丽的妻子拉布·卡巴悲痛欲绝。后来，她爱上了来自科迪的泰达·盖波拉纳。因被禁婚，他们私奔回了科迪，在那里结婚成家。一天，乌姆布·都鲁终于活着回来，却发现妻子已和别人私奔了。乌姆布和村民们立刻追到科迪，但拉布却不想回去，原因是泰达早已备好彩礼迎娶了她。于是，为了平复永失拉布·卡巴的悲痛，乌姆布下令在怀旺举行一场捉海蜈蚣的帕索拉节。所以一如既往，这一切都起因于一位美人的流言蜚语！

> 于是，为了平复永失拉布·卡巴的悲痛，乌姆布下令在怀旺举行一场捉海蜈蚣的帕索拉节。

我们转到旁边的海滩，观看帕索拉节的准备工作。马头上披着色彩艳丽的饰品，木矛顶端也已被削尖，很快我们就能到山脚下的比武场去观看重头戏了。拉托回来开始祈祷并启动节目活动。比武大赛开始了！有上百人骑上马背，在一片有足球场一半大小的场地两端，分成两队，比武大赛准备就绪。号令一响，两队策马向场地中央飞奔，互掷长矛的攻击随即展开！比武一直持续到两队中的一名骑手或马匹摔倒或受伤为止。这场马背上的战斗，长矛在空中横飞，这一切就发生在我们的眼前，真的害怕会伤及无辜。偶尔长矛会掷入人群，所以一部分观众头戴安全头盔也就不足为奇了。

帕索拉之旅

我的肾上腺素在迅速分泌，一是被眼前的壮观景象所刺激，二是害怕会被矛击中。一旦有人受伤，尤其是他们血洒海滩时，观众都会大声欢呼。他们似乎毫无怜悯之心；反而兴致勃勃。比武大赛持续了好几个小时，我很好奇他们将如何决定谁赢谁输。事实上，我发现这场比武大赛从未以其中任何一方的获胜而结束。他们只是简单地认为，在帕索拉比武场上流的鲜血会使土壤更加肥沃。"我愿战死疆场！"其中一位武者这样说。哇喔！

孩子们的围攻

加里曼丹我已去过好几次,但还从未到过丛林中央真正的达雅克人村庄。

我曾为了完成学位论文在加里曼丹中部做过野外调查,当时就是和达雅克人住在村里。但是,那并不是真正的达雅克人的村庄,而是作为政府移民项目的一个部分所建造的。这里没有达雅克人传统的长条房屋,也没人有撑大的耳垂,佩戴大耳环的,因此这儿根本不正宗。

到了三马林达①,我才知道,想要见到真正的达雅克人,得去丹戎伊苏依村或者培帕斯艾亨村,但到那儿可是要先坐8到10个小时的船,之后再坐车,路况很糟,很难找到愿意开车带你过去的司机,尤其在雨季。后来,我的朋友大龙有次组织去潘邦旅行,那儿离三马林达只有一小时的车程。还听说每个星期天,潘邦真正的达雅克族人都会在自己

---

① 印尼中部,加里曼丹岛东岸的一个港口城市。

的长房子里跳传统舞蹈。听起来不错！我就不用像自己想象得那样要走那么远的路了。

下午12点半，我们到了潘邦。道路上泥泞的车辙依旧，但除此之外，整个村子还是相当整洁。大多数屋子都有墙，有些还建了停放汽车或摩托车的车库。长条屋在村里的中心位置，周围车位充足。长条屋的四壁全是黄色和黑色的达雅克雕刻，这里现在是聚集场所和卖纪念品的商场。

当我爬上长条屋的台阶时，一个小女孩说："您好，Tante[①]！请您进来，舞蹈表演下午2点开始。"刚落座，十几个五到十岁大的孩子很快就把我围住，想弄清楚我来自何方。他们那长长的眯缝眼，干净雪白的肤色，红润的脸颊，身着饰有亮片和柱子的达雅克族传统服装。实在太可爱了！我们开心地聊着天，猜谜语，一起唱着歌（他们都是基督徒，大家都会主日学校里唱的同样的歌）。当我做了件他们觉得搞笑的事情时，大家会狂笑，还求抱抱，说是我像个毛绒枕头。这些孩子太友善了！

一小时后，开始售票。每位15 000印尼盾，如果要带相机，就必须额外多加25 000印尼盾。要和长耳垂的达雅克人合影，三张照片要再付25 000印尼盾。真不便宜！作为回报，会赠送一个写有"潘邦"二字的珠串手镯。我总往积极的方面去想：这钱将用于改善达雅克人的旅游业。

---

① 阿姨。

> 每位 15 000 印尼盾，如果要带相机，就必须额外多加 25 000 印尼盾。要和长耳垂的达雅克人合影，三张照片要再付 25 000 印尼盾。

舞蹈表演下午 2:15 开始。跳了六支舞，其中大部分是由孩子们表演的。舞蹈音乐由三位老人家用吉他和 *kolintang*① 演奏。在每段舞蹈表演前，会有两位司仪登台介绍舞蹈的内容和含义，都是和战争、爱情、收获，甚至飞鸟有关。女舞者手持一根犀鸟羽毛（犀鸟是达雅克族的象征），男舞者手握达雅克的传统砍刀和盾牌。之前和我聊天玩耍的孩子们并没参加舞蹈表演，而是穿着传统服装待在旁边。

舞蹈表演一结束，之前那帮孩子们就又跑到我身边。他们突然变得咄咄逼人，问道："钱呢，阿姨？你之前拍过照，阿姨，那可不是免费的。要付钱的！"我觉得自己受到了围攻，最后回答道："一会儿，好吗？等我先拍完照片再说。"陪同我的一位朋友想给长着长耳垂的达雅克老妇人拍照。现在貌似只有老人家还留着长耳垂，而且都是些老妇人。她们的腿和手臂上都刺满了蓝色的传统文身。

> 钱呢，阿姨？你之前拍过照，阿姨，那可不是免费的。

---

① 类似印尼佳美兰乐队所使用的打击乐器。

孩子们的围攻

这位老妇人，也变得令人刮目相看。"你拍了三张以上的照片！你还得付钱！"因为这些照片是要出版的，我开始和她们讨价还价。即使她们半笑不笑，也没有停止要钱！为了让她们在镜头前保持松弛，我别无选择，只能给一些现金。就在这一切发生过程中，孩子们一直都在看着我；他们已显得不耐烦，等着轮到自己获得报酬。

拍完了这些老妇人，是时候面对这些围在身边的孩子们了。"25 000印尼盾三张照片，可是阿姨要拍那么多小朋友，我们想要更多钱！"我给了一张50 000印尼盾的钞票，但他们拒收！我完全震惊了。我用口袋相机在长条屋里随意地拍了三张合影。扮演吝啬鬼的时刻到了，我试着让他们为我朋友摆各种姿势。拍多张备份照片。就像那些老妇人一样，除了要钱，她们别无他求。我从来没有想过一个五岁大的孩子会有如此的攻击性！当然他们不仅仅是对我这样。所有拿手机拍他们的人都遇到了付现金的无情攻击。有些人完全投降，其他则不得不奋力摆脱困境。

我又递了一张50 000印尼盾的钞票，其中一个女孩（这帮小孩子的头儿）冲我高喊："10万怎么可能够？！"太疯狂了！这些刚才还和我有说有笑的可爱的孩子们究竟是怎么了？最后，我又拿了几张钞票，相当于又加了50 000印尼盾，告诉他们我只有这么多了，而且要回家了。但他们来说还是不够，抗争仍在继续。最后，那个女孩闷闷不乐地夺走了我手里的钱，甚至连一声"谢谢"都没讲。其他的孩子则立刻围住了她,并喊着要自己的那份。我简直不敢相信自己所目睹的一切!当我向大家表示感谢并道别时,没有一人转头回应,他们还在忙着为自己多争取要钱而争吵不休呢。他们岁数太小了,不应如此在意金钱,更不能如此斤斤计较!

我不知道这种行为从何而来。我认为花钱给当地人拍照本身是合情合理的,尤其是在这样较为少见而又充满异国情调的村落里。花钱拍照在今天的旅游市场上早已比比皆是,在印度尼西亚的其他地方也屡见不鲜,我自己在埃及和尼泊尔旅行时也习以为常。但是,这儿价钱如此之高,而且还不得不与小孩子们这般地讨价还价,真是让人欲哭无泪!

东印尼

去四王群岛的旅行准备

我一直知道四王群岛是一个旅行的好去处,但去那里路途遥远,且价格不菲。

如果你想真正享受四王群岛,就必须租一艘潜水船去潜水,那儿可是世界上最佳的潜水点之一。我虽然已潜过数百次,但并不真的认为自己就是潜水人。我首先是一个旅行者,也许就所涉及的花费而言,四王群岛在我必去景点名单上并没排在靠前的位置。然而,对于认真的潜水人来说,四王群岛是那种一辈子至少要朝拜一次的所在。

我始终理解不了的一种玩法是,住在潜水船上除了潜水还是潜水潜水。于我而言,潜水潜得似乎也太多了吧!如果我能四处旅行的同时又可以顺便潜个水,那就是最完美的,因为去新地方旅行才是我的主要目的。至今为止,和真正的潜水员一起潜水,我玩过两次,即便如此,我也会跳过潜水日程,宁可自己在海滩待上一整天,或者在船舱里多睡一会儿。我曾几次受邀去四王群岛,但不是时间不合适,就是同去的人不合适。可总还有团队里的专业潜水员邀请我！早晨醒来，去潜水，吃完早餐，去潜水，午餐间歇，再潜水，午休过后，再潜水……还有晚上的闲聊！这种鱼，那种鱼，看看潜水装备，或者从技术上潜水方法应该是这样或那样……哪来的乐趣？

潜水船上接待了大约有十几名乘客，不包括船员。即便你不喜欢船上的那一群人，也无处可逃，无论你走到哪里，都会一而再再而三地看到同样的一群人。如果你心情不好，也无处可藏。如果你讨厌谁谁谁，又能怎么着呢？相互泼水吗？我还记得那次从龙目岛到科莫多船上的自取其辱，在土耳其的游轮上与一位老外少年争吵，以及在越南下龙湾为食物打架。在船上，你就会为这些恼人的情况所困住，而潜水船一上就是一整个星期！

> 即便你不喜欢船上的那一群人，也无处可逃，无论你走到哪里，都会一而再再而三地看到同样的一群人。

2011年1月的一个晚上，我、亚斯敏、嘉娜和金刚一起讨论重返四王群岛。解决所有之前问题的办法是："我们自己租一条船，邀请那些我们喜欢出去放松的朋友们。"真是个好主意。为此我们制定了一些基本规则：同游者必须是我们的朋友（大家共同认识的人），有潜水证书，但不是潜水迷，30岁以上，最好有些钱，能休假一周。按照这些条件，我们拉出了一个可邀请人的名单。当然，我们必须确保大家都能和睦相处。这场讨论持续了一整夜，期间还穿插了一些为什么一个人会不喜欢另一个人等诸如此类的八卦。关键是，我们四人都承诺一定要做这次旅行，除非我们都怀孕了，否则不得取消。在各种不同的取消原因中，怀孕这种可能性大家一致认为概率是最低的。

一个月后，嘉娜和金刚突然给我打来电话。他们在一个潜水展览会上，看到一艘我们须马上预订的潜水船，不仅因为2012年新年正好有档期，而且还可以打折。嘉娜确信这是大家的最佳选择，当然，也是最贵的印尼潜水船。"大家都会很舒服……而不是像上次大家搭积木似的，都挤在高低铺上。"她说到这儿，我真的没理由不同意了。可问题是，在我们所邀请的朋友尚未确认前，如何在两天内攒齐首付款？

想租的这艘潜水船，叫做四王群岛发现号，租期一周（7天6夜），从2011年12月27日到2012年1月2日（要提前一年下单！），总租金近2亿印尼盾。也就是说要在两天内支付290万印尼盾的首付款。我立即给受邀者名单上的每一位发送了一封高优先级的电子邮件。而已联系的所有人中，只有七位保证会参加。那还缺七位！我又发了第二封邮件，准许大家再邀请各自的朋友，条件是要通过面试来了解新受邀的人究竟是何许人也。所剩首付款将由嘉娜暂时垫付，我们每一位都要认真而努力地去找来更多的人。

几个月后，嘉娜和金刚都出乎意料地退团了！人数本来就不够，现在则更少了。我很恼怒，告诉他们二位最好找到替代者，至于从哪儿找，我并不在乎，只要他们能承受这么多钱押在那里就行。离9月份最后一笔分期付款到期日越来越近了，受邀名单也一直在不停变化。最后阶段，只要能入伙，谁都可以参加。否则又该怎么办呢，那可是会废掉一大笔钱的。尼娜和我代替金刚负责组团。我们的任务是规划出一条航行路线；去哪里不重要，只要我们去瓦雅格岛①就行，还要顺路找几个好的海滩可以停靠。

最后确认成行的有我、亚斯敏、尼娜、莉妮和她的三位公司同事、艾丽和她的三位办公室同事以及另外三位谁都不认识的人，他们是嘉娜和金刚那两个始乱终弃的家伙找来的。在支付最后一笔分期款截止日前一周，还是有三人退出了，只能找来我表妹伊斯拉、她的一位朋友和艾丽的一位朋友顶替。乱成一团！不管怎样，最重要的是与"朋友的朋友"相比，"共同的朋友"仍占了大多数。

下一个问题是住宿安排。现在共有六女八男，要分入七间船舱，其中还有几对不想分开的夫妻。最简单的方法是，最好的两个船舱要留给领队，最后再决定尼娜、亚斯敏和我三人中究竟是谁与那三位不认识的人同舱。金刚甚至发给我两位新人的照片，希望我别因为他撂挑子而那么生气。

事情还没完。难道我们真的要花费如此之巨一路只去巴

---

① 四王群岛著名海滩的所在岛。

布亚省，而不去周围其他什么地方走走看看吗？我和尼娜都不用上班，想在四王群岛行程结束后去巴布亚周边继续旅行。亚斯敏正打算辞职，这样她也就可以和我们一起多玩两周。我们该去哪儿呢？为此我们仨见过几次面，讨论来讨论去，还是没能定下确认的计划。我们这才开始意识到巴布亚省有多大，在其周围旅行有多难，更何况网上相关信息又很少。最终我们决定到了以后再见机行事。我们已有了去索龙①的票，剩下的就走一步看一步。

> 我们这才开始意识到巴布亚省有多大，在其周围旅行有多难，更何况网上相关信息又很少。

12月26日，我们从雅加达出发，航班起飞前大家给各自的母亲发短信留言："我们去了巴布亚，要在船上住一周，之后还要接着旅行两周，自己也不清楚身在何处……您也联系不上我，那儿没信号！"

---

① 巴布亚省西北角的港口城市。

四王群岛船宿潜水之一：四处折腾

那天一早，我们被送上四王群岛发现号船宿潜水船，我们发现这艘船比我预期的要好得多！

这艘皮尼西帆船①的船尾是放置潜水装备的房间，船首是带空调的休息区，里面配有餐桌、沙发、电视、桌子、冰箱和一个迷你图书室。休息区后面是厨房和船员宿舍。下层甲板有五间小船舱，每个小舱里面配备了两张单人床、空调、一张桌子、一个橱柜和一个热水淋浴间、一个洗脸盆和坐式马桶。休息室上部是一个开放区域，放着躺椅让人放松。后面是舵手室和领队专属的两间套房。其中一间套房是给尼娜和亚斯敏的，艾丽和我住旁边的那间。没错，我设法让艾丽和我同住，而不是和一个自己完全不认识的男人共处。

尽管我们大多数人都是老朋友了，活动的第一个环节还

---

① 皮尼西帆船是印度尼西亚的传统木质双桅帆船。

是要彼此了解。尼娜、亚斯敏和我已是多年的闺蜜了。莉妮是本堂①的一名作家同事。卓尼和莉妮是同一个办公室的同事。伊斯拉是我表妹。肯是伊斯拉的高中发小。艾丽是和我一起去以色列的老友,其余四人都是她的同事。谁都不认识的二位先生,一位叫潘达,一位叫塔托,他们是我们团里的潜水狂热者,也兼任我们的水下摄影师。现在到了介绍船员的时候了,两位DMs(潜水教练),欧姆乔尼和克里斯。哇喔!船员与乘客的比例接近1∶1。我感觉自己就像希腊船王奥纳西斯!

当晚是首次测试潜,以检查我们的潜水技能,并依此分组。当欧姆乔尼看到测试结果时,他开始有点担心了!这就是你刻意寻找"核心潜水员"时所遇到的问题,我们大多数都只是潜水初学者,有些人刚拿到潜水执照不久。从此,在每次的潜前准备会上,欧姆乔尼总会提醒大家:"大家好好潜水吧!我可不想失控,看到你们在水里四处折腾!"我不明白他是什么意思,直到一群潜水者在我们的下方游过,他们的浮力调节器在水里上下漂动,他脚蹼也陷进礁石。然后我听到了,"嗯!嗯!啊!啊!"这显然是欧姆乔尼在水下发出的"尖叫"声,他双眼圆睁,用手指着我们。我才懂,这些潜水者都是我们船的,他们真的正在"四处折腾"!真是尴尬啊。

---

① 印度尼西亚著名的出版发行机构,总部位于日惹。

这是一艘船宿潜水船，所以……主要的活动就是潜水。我们早上6点半起床，吃一顿清淡的早餐，之后潜水，回来吃上一顿丰盛的早餐后是更长时间的潜水。接下来是午餐和午休，然后又是长时间的潜水，上船洗完澡，就到了晚餐时间。每次潜水活动开始都会响铃。刚开始时，真的很烦人，觉得自己就像是活在山羊群里，吃东西，然后出去干活儿。但我们为此是花了很多钱的，就得分秒必争。好消息是，随着时间一天天地过去，想潜水的人越来越少。女人每个月的例假来了，她们全无兴致潜水，艾丽得了流感，而莉妮拉肚子了。甚至男人们也想留在船上享受船上生活。只剩下潘达和塔托，还有我和卓尼跟着欧姆乔尼。如果有人想潜水，不管是谁，都只能跟克里斯那一组。我发现人少，再加上跟着有经验的潜水教练一起潜水其实才好玩。

我还发现，四王群岛并不是潜水初学者的最佳潜点。没有一个潜点没有强烈的水流。其实如果水流缓和，并且只朝着一个方向是不会那么糟糕的，但在这里，水流超级强大，流向也说变就变，完全无法预料！我们几乎每次潜水都采用的是背向坐姿入水，从船舷后翻，这样可以立即进入深水，就不会被上层洋流带走了。如果你平衡不好，或者你游泳能力不强，就很容易被甩在小组后面。由于潜水教练和潜水者的比例不甚理想，一位教练要带超过7位潜水人，你就别指望会得到什么特别关注了。此外，每个人的耗氧量是有差异的，为保证自己能安全上浮到水面，就要计算出所剩氧气

东印尼

量，监测下潜时间和深度，并计算出安全的水下时间。每位潜水者都要求按照这样的步骤照顾好自己！但是，壮观的水下风景就是所有这些艰苦工作的回报。

> 我还发现，四王群岛并不是潜水初学者的最佳潜水点。

根据国际保护组织的说法，四王群岛拥有世界上最多样化的珊瑚和鱼类。这里有 1 309 种鱼类，537 种珊瑚，以及 699 种软体动物，它们的健康状况都很良好。所以，当你潜到水下，这里的风景也是非常多样化且活跃的。一般来说，水流越强，鱼量就越大。因为此处浮游生物丰富，天空阴沉，因此潜水能见度相当低，只有 10 米左右。然而，让我们感到惊讶的还不止这些。四王群岛水下的景观包岩壁、斜坡、洞穴，都是适合多样化的珊瑚礁生长的完美环境。仅在一个区域，你就可以看到各种不同形状的珊瑚，有桌子状、人脑状、菜花状、花瓣状、扇形、柱形等等。还有看起来像皮革、花、*putri malu*① 这类的软体珊瑚和色彩鲜艳的珊瑚树。甚至还有呈绿松石色和紫红色的蛤蜊。我的视力不是很好，但因为是和摄影师在一起，所以通过他的微视镜头看到裸腮蛞蝓、叶状涡虫、侏儒海马和自己从未见过的海底物种。

---

① 含羞草，印度尼西亚常见植物。

> 这里有 1 309 种鱼类，537 种珊瑚，以及 699 种软体动物，它们的健康状况都很良好。

五彩斑斓的鱼儿总是成群结队地从我们身边经过。最常见到的是狗鱼和鸟尾鲹鱼，但在这里我第一次见到了黄梭鱼。四王群岛也以其斑纹须鲨而闻名，也被称为地毯鲨，它们看起来真的像长满类似海藻的流苏胡子的地毯，善于在海床挖沙埋伏袭击。我们还见到了黑鳍鲨和海龟，但我个人最喜欢蝠鲼。有一次我们看到七只三米宽的蝠鲼，左右摆动着巨大的翅膀，从海滩上掠过。在一个被称为"蓝色魔法"的地方，我们发现了不同种类肥而可爱的蝠鲼！后来，在一个五米深的安全停潜点，四周一片空旷，突然三只蝠鲼向我滑翔过来。太神奇了！

> 四王群岛也以其斑纹须鲨而闻名，也被称为地毯鲨。

在四王群岛潜水，只有一件事让我深感沮丧，那就是氧气总有快耗尽的时候。要是能成为可在水下呼吸的两栖动物就好了，我觉得我永远不想浮出水面。或许也会！即使不下潜，在潜水船上住一周也是挺享受的。

四王群岛船宿潜水之二：玩耍吧，聚会吧，跳水吧！

在潜水船上一周要如何打发时间？

对我来说，食物是最重要的。我们以为船上除了鱼还是鱼，大家都带了各自的食物储备。可是，船上的厨师苏尔雅阿姨烹饪了最美味的菜肴，并且拿出一份全菜单供大家选择！除了有新鲜的鱼，还有汤、沙拉、鸡肉、牛肉、豆腐、印尼豆饼、蔬菜、虾片和水果，这些几乎总是不够我们吃。幸运的是，她还会做很多菜。除了一日三顿大餐，还可以享用现做的小吃、果汁、无限量的咖啡、茶和巧克力奶。简直感觉身处天堂！

潜水或吃饭之后，则是我们自娱自乐的时光。这就是为什么要和志趣相投的朋友待在一起的重要原因所在。我们有太多的事情可以做！八卦、谈笑、拍照、看电影、弹吉他、唱唱歌、玩"猜歌名"游戏、下下棋等等。有时我们在休息厅的沙发上午睡，大家都很享受彼此的陪伴，并不想回到船舱。自己随身带的书，我连看都没看。最重要的是，我们从未谈过潜水的事，聊别的会开心得多。船上另一件有趣的事，船上大多是单身人士……你得瞅瞅谁和谁躲在一起！我可是守口如瓶的。

置身于四王群岛水下的自然世界，那里美得令人难以置信，从海面上看到的景色则更加蔚为壮观！每天都必须要做一个艰难的抉择：应该是去潜水呢，还是在美丽的白沙滩上度过一天？

没有潜水日程安排的日子里，我们的首要任务就是寻找最靠近的海滩，让船员用快艇把我们送过去。若附近没有好的海滩，我们就从船上跳到海水里。我们在船上的所作所为和在海滩上的一样趣味横生，摆拍各种跳船入水的照片，水中玩倒立，游泳比赛和翘腿斗鸡。这些照片变得越来越可笑了。我们玩够了跳水游戏后，就学涅槃乐队经典封面在水下摆拍各种姿势。胡折腾够了，大家还能游泳或洗日光浴，一直玩到吃晚饭的点儿他们过来接我们回去。

你看四王群岛的照片，很多都是鸟瞰镜头，一片清澈的海面上涌现出一团团的沙丘岛，那就是瓦雅格岛。它位于四王群岛最边边上，如果想直接上岛，从索龙港出发要坐 17 个小时的船才能到达。我们已包了船，就可以规划任何想要的航行线路，这权利当然不能浪费。为了能拍到照片上的岛礁全景，就必须爬上陡峭的岩石山顶。穿着完全不合适爬山的潜水靴，我们一步步缓慢地攀登。爬山过程非常艰辛，但登上山顶，看到这么美的风景还是物有所值的。下山后，又花了一些时间乘坐快艇在这些岛屿之间反复急转冲浪，接着是在环礁湖中游泳降温。

> 你看四王群岛的照片，很多都是鸟瞰镜头，一片清澈的海面上涌现出一团团的沙丘岛，那就是瓦雅格岛。

在海上庆祝 2012 年新年最为精彩。当晚 8 点，船员们已经布置好了派对区，还装上了麦克风，大家随着 *dangdut*[①] 音乐翩翩起舞。派对时间！天气很糟糕，狂风暴雨，大家都淋透了。有人都脚滑了几下，客人控制狂欧姆乔尼尖叫道："当心，甲板很滑！别摔着！"大家轮流做起主持人，播放自己 iPod 上的歌曲。跳烦了迪斯科，就跳鬼步舞、交际舞、性感舞、在帐篷支架上跳钢管舞、POCO 集体舞唱卡拉 OK，用潜水照明设备拍短视频。停在附近全是老外的船，纷纷赶紧找别的停泊点，我们实在是太吵了！进入新年倒计时，鸣笛声和鞭炮声响彻海面，我们相拥亲吻，互道新年快乐。这绝对是我所度过的最好的新年！

> 停在附近全是老外的船，纷纷赶紧找别的停泊点。

第七天，我们回到了索龙港的旅馆。这是我第一次在陆

---

① 土味摇滚，印尼特有的、深受民众喜爱的、混合了巴基斯坦和印度古曲风格和现代摇滚元素的流行音乐。

地上感到如此失衡！每次坐下，老觉着自己往一边倒，睡觉时，总是抓住床架以防摔倒。这就是在海上航行一周后的感受。花了两天时间，我才习惯脚踏实地。

那么，这就是四王群岛的全部吗？只坐一星期船宿潜水船肯定是不足以见识其全貌的。我还有两周的时间来进一步探索。

四王群岛：人间第七天堂！

船把我们送回索龙港后，尼娜、亚斯敏和我计划用接下来的两周去巴布亚的其他地方看看。

我们去了机场，咨询了几家旅行社，看看是否能找到该地的航班和渡轮。当我们发现巴布亚岛真的有多大时，大家都惊呆了。在任何一个地方坐飞机都会轻而易举地产生四种不同的转接线路，而坐船去任何一地都需要几天时间。我们绞尽脑汁之后，发现像比亚克、纳比尔、甚至查亚普拉或瓦梅纳这些地方都不值得去。因此决定留在大家所熟知的、所热爱的地方：重返四王群岛！

但是，又该怎么去呢？四王群岛占地总面积46 000平方公里，和东爪哇岛一般大！它由1 500个岛屿组成，其余绝大部分为海洋。根据可以收集到的有限信息，以及推特上网友的建议，我们决定下一个目的地就是位于四王群岛南部边缘处的米苏尔岛。很幸运，我们搭上了自然保护协会的快艇。

米苏尔岛，可住的地方只有两个。第一个是欧洲人经营的比比塔姆度假酒店，要花上千欧元；第二个是哈拉潘加雅村的民居，要花几十万印尼盾。猜猜看我们究竟会选哪家！这是一个岛区，主要交通工具是摩托艇。幸亏我们仨还够钱租一艘还像样的船，燃料很贵，而且在巴布亚还是限量供应。因此每天我们都会坐快艇去探寻岛屿，或是自己中意的海滩。

出海后，我简直不敢相信这儿有那么美。苏玛莱伦岛甚至比瓦雅格岛更令人惊叹，可是这里没有山坡可爬，也拍不到摄人魂魄的鸟瞰景色。这儿的岛都是石灰岩岛，完全被树木覆盖，紧紧地聚拢在一起，就像在迷宫中穿行，我要是在里面开车，肯定永远走不出来。岛上层层叠叠的岩石被海浪冲刷成圣诞树的形状，越往高处岩石就越狭窄。更叫人称奇的是石壁上的赭石画，和马鲁古的卡伊群岛上的土著绘画相类似。而且这儿的海水简直太诱人了！

一天，我们停靠在一个有淡水池塘的小岛。村长耶鲁先生在池塘里养遮目鱼、鲤鱼和罗非鱼，并给我们做了一顿烧烤午餐。老实说，这可是我吃过的最好吃的 *bandeng*[①]！鱼有手那么大，没鱼刺，闻起来超级香。鲤鱼和罗非鱼，即使不放盐或其他调味品，也一样的甘甜可口。

---

① 遮目鱼。

> 这儿的岛都是石灰岩岛,完全被树木覆盖,紧紧地聚拢在一起,就像在迷宫中穿行。

耶鲁先生告诉我们,山坡后面有一洼史前湖,里面长满了不蜇人的水母(和在达拉湾和帕劳一样),但山坡上没路,想要爬上去你会累个半死。我真心希望那里要是真的向游客开放,他们可得保护好。

米苏尔岛的海滩极其完美。对我来说,这意味着遮阳阴凉的树木,又长又宽的白沙滩,脚下有温暖细沙的海水(没有海草或珊瑚)。二十五米外是美丽的珊瑚礁,水里到处都是等待我们探寻的鱼群。你可以自由选择:在树荫下放松,在海滩上奔跑,或者浮潜去看令人惊叹的海洋野生动物。如有"ABK[①]猛男"前来,一切将变得更加有趣:有六块腹肌的东印尼船工!在煽情撩人的美景的映衬下,海边畅游,还有比这更开心的吗!

在米苏尔岛待了将近一周后,我们不得不坐七天一班的公共渡轮"KMP Kurisi"号返回索龙港。在索龙港,我们赶上了另一艘去卫吉岛和四王群岛县城 Kota Waisai[②] 的船。"*kota*[③]"这个词是我们并不想听到的,但我们的另一个选择是只能住在一个西方人拥有的昂贵的岛上。最后,大家决定

---

① 船工。
② 县政府所在地。
③ 城市。

住在怀沃岛印尼人经营的度假村,离潜水打卡地怀赛岛大约有十分钟的航程。

我们设法去索内克蒙德岛潜了几次水(我一直把它叫做 *Sonic Monday*①),这里也很棒,就是水流相当强劲。我们也会租艘船,四处看看,再游游泳。这里的卡布伊岛是最值得去的。和瓦雅格岛和苏玛莱伦岛一样,它也是由喀斯特群岛组成的,只是这里的峡谷要高得多。还可以乘船进入钟乳石洞,里面能看到不少带有骷髅的墓地。感觉自己就像海盗!隐秘的海湾同样令人神往,一组密集的岛群,覆盖着茂密的红树林和盐度很高的海水。我们去了阿布瑞克岛附近伴着蝠鲼浮潜,踏足白色的沙滩,探访那些漂亮的小荒岛。

> 还可以乘船进入钟乳石洞,里面能看到不少带有骷髅的墓地。

四王群岛可能是这个世界上最神奇的海洋生物家园,在海面上,到处是成千上万的喀斯特丘陵岛屿、茂密葱郁的树林和白沙海滩。它是如此的原生态,只有在四王群岛才能体验到的另一件事就是在海边伴着鸟鸣游泳。色彩鲜艳的凤头鹦鹉和天堂鸟四处可见!无论在一天中的什么时间,什么样的天气,四王群岛都很漂亮,没有什么能阻挡人们享受海滩的步伐。

---

① 音速星期一,索内克蒙德的发音很容易与 Sonic Monday 弄混。

下雨时，我们每天至少会看到两次彩虹。不仅可以分辨出彩虹的各种颜色，还可以从一端到另一端清楚地看到完整的彩虹。这是我第一次真的被造物者的奇迹而感动到流泪。如果自然世界使印度尼西亚成为地球上的天堂，那么四王群岛就是人间第七天堂！

与世隔绝的巴布亚

当我说要去巴布亚度假时,最常听到的评论是:"你会见到穿着 koteka① 的男人"嗯,我要去的是西巴布亚的四王群岛!

巴布亚,最早称为伊里安查亚,被划分为两个省。自 2007 年起,"鸟头"部分(请看一下地图!)成为西巴布亚省,其首府在马诺夸里,其余的是巴布亚省,其首府是查亚普拉。

大多数来自西部列岛的印尼人都认为巴布亚人有着黝黑的皮肤和卷发,穿着阴茎鞘。其实,巴布亚人分为两种,可以描述为沿海巴布亚人和内陆巴布亚人。索龙港和四王群岛是沿海巴布亚人的主要居住地。他们生活在巴布亚的西部边缘,历史上他们与外界有更多的接触,例如爪哇、马加锡、塞拉姆、安汶、马纳多,甚至阿拉伯国家。几个世纪以来,

---

① 阴茎鞘,用长葫芦做成,巴布亚土著特有的服饰。

他们已经被彻底同化，虽然他们有着肯定比爪哇人更深的肤色，但仅凭外表今天已很难判断他们源自何方。

就像在巴布亚省的巴利姆山谷所发现的达尼部落一样，内陆巴布亚人一直都是森林人。这些是穿着阴茎鞘的古老部落，代表了大家所认知的"巴布亚"。

你不必进到雨林深处去感受与世隔绝。在米苏尔岛，既没电，也没手机信号。在加里曼丹做野外调查之前，我曾有过远离文明社会的经历，但现在可是 2012 年，而且还是在这样一个已荣获旅游胜地头衔的地方离群索居。

在这样一个与世隔绝的地方四处走动是件很难的事。渡轮每周只进出一趟。大多数人靠捕鱼为生。就像城市里靠摩托车出行一样，这里主要的交通方式是乘船。你可能去另外一个岛只是为了买香烟，可这里的燃油价格要比爪哇高出好几倍，而且还限量供应。当雅加达的燃油价格上涨 500 印尼盾时，这里上涨 5 000 印尼盾却是大家见怪不怪的事。这使得生活方方面面的费用都变得很昂贵。你很少见到小面额的钞票，通常都是大把 10 万印尼盾一张的纸币。

> 在这样一个与世隔绝的地方四处走动是件很难的事。

米苏尔岛上的学校只有小学。如果孩子想继续往下读，而且父母也负担得起，他们就不得不搬到另一个岛上。这种现象在印尼的偏远地区并不罕见。这里的医疗设施都相当有限。有位母亲说，她怀孕时，要找合适的医疗照顾，就得上船，花几个小时去别的岛。

由于节育措施教育的缺失，这儿的情况已变得越来越糟。人们似乎从不想到要计划生育，都认为怀孕是性行为的必然结果。在我看来，这很叫人困惑不解。他们的生活已经相当困难了，若再来五个孩子会怎样呢？有些女人似乎经常结婚再离婚，结果要带好几个同母异父的孩子。可对此，大家都很习以为常。

在四王群岛，大多数人说巴布亚的"*bahasa pasar*①"，说话快音调高。我曾学了一些当地的话，比如"*hujan-hujan ampas*"是"下毛毛雨"的意思；"*lari-lari babi*"是"短距离冲刺"的意思。

不仅是语言粗俗，他们对待彼此的行为举止也是一样。一位祖母对哭闹的小孩喊道："安静点！你爸死了，你妈跑路了！"当小孩哭个不停时，做父亲的会用扫帚打他。即便是母亲也会毫不犹豫地暴揍自己的小孩，父亲还会拿着大砍刀追打自己调皮捣蛋的孩子。夫妻吵架会互相扔椅子。这简直太暴力了！活着不易！

---

① 字面意思：市场语言，巴布亚有650种不同语言系统，市场语言，就是巴布亚人都会的通用语言。

煎　熬

　　米苏尔岛和它周围的岛屿真的是四王群岛最出彩的部分。但是那些如此美丽的地方定会有隐藏的陷阱。

去米苏尔岛可是不容易的！米苏尔岛是四王群岛以南最远的岛，人越少，环境越好。上岛人数非常受限。索龙-米苏尔渡轮每周只开一次，即使这样，班轮时刻表还经常不准。你可以租快艇，但要花费一千万印尼盾！所以，你要么特别有钱，要么特别有时间。

能坐上非政府组织的快艇出海，已是非常幸运，但返回时才知道我们必须乘坐公共渡轮。在米苏尔岛，我们过得真的很享受，但没可能多待一个星期，不然我们会错过回雅加达的航班。上午10：30，我们离开哈法特民宿，乘船摆渡到KMP Kurisi号那艘白色生锈的老渡轮。爬上船，迈过船舷，可是一个艰苦的活儿，但最终我们还是做到了……从宁静的岛屿回到了人潮汹涌的世界！

KMP Kurisi 号渡轮原本就是一艘运载车辆的 Roro①（滚上、滚下）。船的中间和艉部是空的，它并不是为载人而设计的。这艘船经过了改装，加装了防水油布片，也在甲板上加装了木板顶棚和长条板凳，以便乘客可以坐在荫凉处。大约有一百多人一排一排地坐在那里，就像一支开赴前线的部队……或者他们看起来更像是一群难民。你如果想四处走动，就得小心，别踩到别人的脚，或踢到那些正在睡觉的乘客的脑袋。他们不仅携带行李箱，还带着纸箱、袋子、柳条箱、鱼和杂货。

> 大约有一百多人一排一排地坐在那里，就像一支开赴前线的部队。

我认识了一位兼职出租二层船舱小伙子。舱里没有舷窗，只放置了一张小床，地板上有个狭小空间可以让人挤进去。舱外走廊里坐满了乘客，他们都坐在租来的垫子上，船舱隔壁房间里放了十几把椅子，一台坏掉的电视，还有一个上了锁的粉色储物柜，里面装满了救生衣！这让我感到很不自在，老在想象着上百号人强行打开柜子，在发生意外时为一件救生衣而战。

KMP Kurisi 号渡轮只能以 7 节的速度行驶，这看起来有点不妙。从米苏尔岛到索龙的航程需要 15 个小时，这样我们

---

① 滚装船。

凌晨3点才能到！这可是从雅加达到万隆来回一趟所要的时间。我想坐快艇三个小时就像是自驾游，在这艘混乱而过于拥挤的船上我们怎么度过这15个小时呢？我曾坐过许多不同种类的船。那次从班达的楠榜到默拉克港所坐的渡船是迄今为止最糟糕的一次，但那最多也只有三个小时的航程。我住在船上的最长时间是七天，但那是在一艘漂亮的皮尼西双桅帆船上。这是我第一次觉得这是一趟永无止境的旅程！我每隔一刻钟就要看一回自己的手表。

> KMP Kurisi 号渡轮只能以 7 节的速度行驶，这看起来有点不妙。

其实刚开始也还好，尼娜、雅斯敏和我坐在一块儿聊聊天，看看周围的人。随后，船停下来又搭载了100名乘客。显然，船上乘客人数并没上限，而船却变得更加拥挤了。过了一会儿，我得吃点东西，于是，去了趟餐厅。那里没有我想要的米饭和海鲜，只供应方便面。我点了一包，却发现早已售罄了。现在我开始恐慌了。没有合适的食物，自己怎么能熬上12个小时呢？如果说有什么事会让我感到害怕的话，那就是饥肠辘辘。我恨我自己为什么没有让民宿准备点儿吃的，就因为听说船上有吃的！一小时后，尼娜也去了趟餐厅，看看情况是否会有变化，结果是餐厅已经打烊了。我们坐在那里，吃着早餐剩下的原味印尼面包圈，眼睁睁地看着周围的人享受着他们带上船的食物,有米饭、炸鱼、蔬菜、甜木薯。

没过几小时,我们就都没精打采了。我们试着乱用滤镜拍照来自娱自乐,看看书,玩玩《愤怒的小鸟》,直到打通关玩不下去了。那现在又该怎么办?船舱太小,同时最多只能容下两人,大家不得不轮流进舱。我们各个都大汗淋漓,浑身湿透,甚至讲话都变得越来越费劲,我们已筋疲力尽。

晚上7点,我回到餐厅,面条还是售罄中!还好我吸取了午餐时的经验,在餐厅尚在营业时,为我们每人买好饼干、坚果、水和茶。我到得很及时,餐厅里挤满了人,几分钟后东西就被抢购一空了。厨房工人收掉卖饭摊位,将所剩食物、垃圾和空瓶丢到海里!我回到船舱,欲哭无泪,大家一起吃了顿迷你晚餐。没过多久,大家又快饿了,我突然听到远处有人在喊:"炒饭!炒饭!"我赶紧跑出去想找到那位叫喊的人。那声音离我越来越近,"炒饭!炒饭!"那人身穿黄衬衫,手里拿着一个气球,我跑上前问他:"你是说有炒饭卖吗?在哪儿?我们正饿着呢!"

"炒饭?我没有啊!"他笑着说。

"你没有吗?那你为什么要叫炒饭呢?"

"我意思是,船到索龙,我会炒些饭。但是现在已经没米了。"

"那么,那么你是在骗我们啰?"

"没啊,就是开个玩笑……"

这应该是我听过的最不好笑的玩笑了。也许他之前真的卖过气球和炒饭，这是他自我营销的方式吧。考虑到船上没人卖食品，他自认为这样就能多卖点气球吗？不知怎么的，我们总设法把事情往好的方面去想……疯子！

> 饥饿、像沙丁鱼一般挤在一起的人们，还有炎热——这是 KMP Kurisi 号渡轮上致命的三拼组合。

饥饿、像沙丁鱼一般挤在一起的人们，还有炎热——这是 KMP Kurisi 号渡轮上致命的三拼组合。我不得不把 600 毫升的瓶装水做定量配给，食品摊已无水可卖了，也是因为我真的不想穿过人群去下层甲板上厕所。那天晚上，大多数乘客都睡着了，或者有些正试着入睡。另一些人在熬夜玩牌或下棋，边听着手机上的音乐，各种混杂在一起的音乐，声声入耳。我在小船舱里睡了一会儿，感觉更像是在蒸桑拿，太热了，但跳蚤又把我咬醒，留下抓痕和狂痒。我在渡轮上的煎熬终于结束了！

煎　熬

躺平的哥伦打洛

长期以来，我一直都想着要走遍印度尼西亚，至少每年走一个省。

2012年的目标是哥伦打洛省。这里曾是北苏拉威西岛的一部分，在2000年，哥伦打洛成为印度尼西亚的第32个省。朋友们得知我准备要去时，都说："替我向准将诺曼问好！"我真的难以想象一位前任警察对着印度流行歌曲假唱竟然可以让这个省这么出名！

这是一个新的省份，在网上也查不到太多的信息，但如果没预订到酒店会让我神经紧张。有人建议我住哥伦打洛唯一的一家智能酒店，可那里正好有个大会，被政府官员订满了。我只得四处预订酒店房间：我打电话给总机，询问自己所知道的所有酒店的电话号码。接电话的前台接待员似乎弄不明白我所说的"订房"或"预订酒店"是什么意思！如果他们真的懂的话，就不会总是在问答："请别这么做。这里有一个政府会议。"在这儿政府公务员就像是王室成员一般。最后，我是通过国外的网站预订了酒店房间（这很讽刺吗？）。网上订房的价格要高一些，但至少我不太可能失去房间而让给政府官员。

在推特，我新结识了维维和里奥两位来自哥伦打洛的朋友，也是他们邀请我去旅行的。虽然哥伦打洛是该省的首府，但它仍然只是一个小镇。只有六个红绿灯，而且其中一半还坏了。最常见的公共交通方式是奔托三轮车（半 becak[①] 半摩托车），奔托很便宜，乘它你永远不必步行很远。城市里没有任何一栋高层建筑，没有商场、电影院，当然也没有夜总会，不过现在至少开了一家肯德基！这里还有一家小书店，其名字让我觉得很搞笑：拉米迪亚！我猜这店名应是来自印度尼西亚最大的连锁书店格拉米迪亚。

从历史上看，西班牙人在 16 世纪从菲律宾来到哥伦打洛，之后是荷兰人从他们手上夺取了香料贸易的控制权。哥伦打洛是在 1942 年从荷兰人手中取得独立，远早于印度尼西亚其他地区在 1945 年的独立时间。对于印度尼西亚东部的一座城市来说，哥伦打洛在其殖民时期建筑的保护工作方面做得很好。而西班牙文化唯一遗存下来的就是午休，每天下午很多商店都要打烊。难怪这里的人都如此友善！尽管都生活在城市里，但他们仍然保持着生活的高质量。他们几乎没有城市的生活压力，每天下午都要小睡上一会儿！

---

① 人力三轮车。

> 对于印度尼西亚东部的一座城市来说，哥伦打洛在其殖民时期建筑的保护工作方面做得很好。

听过《宾德·比鲁胡塔》这首歌吗？如果你是印尼人，岁数与我相仿，你也许听过，这是在学校必须得用心学会的歌曲之一。而我最后发现这歌名其实是哥伦打洛一道菜的名字：一种加了椰子和红薯的玉米汤。不过我还是觉得其味道有点怪。每天早上，很多顾客都会排队买另一道不同寻常的菜：萨巴尔·梅南蒂餐厅做的黄姜饭。说真的味道还很不错。黄姜饭配上金枪鱼干碎、煎蛋卷片和香炸洋葱。哥伦打洛的黄姜饭与众不同之处在于会配一碗汤。汤汁清淡，还会放一个煮蛋。不过，我最喜欢的哥伦打洛小吃是酥饼。不像日惹的较小的馅酥饼，它有成人手掌大小。味道很妙，多层起酥，像羊角面包一样脆干，里面塞了馅料。有一种名叫愉快酥饼的奶酪非常棒，一盒只要3万印尼盾。

然而，真正让哥伦打洛成为旅游好地方的是其水下世界。一家亚洲潜水杂志称其为"印尼最好的潜水秘境"。这儿有两间潜水服务公司，一间是外国人经营的，另一间是本地人的，我选了本地人经营的叫做牛鲨潜者的服务公司。在一处被叫做"海绵墙"的潜水点，可以看到水下地标"萨尔瓦多·达利[①]"。这是一个巨大的海绵（又称为巨人海绵），

---

① 西班牙超现实主义画家。

上面有三个大鲨鱼腮,看起来很像鲨鱼!它之所以被称为"萨尔瓦多·达利",是因为它看起来完全是超现实的!在哥伦打洛,有很多海绵墙潜点,能见度极好。洋流较小,所以也没那么多的鱼和浮游生物。

一家亚洲潜水杂志称其为"印尼最好的潜水秘境"。

这里的旅游业尚在起步阶段。当你离开小镇,就会发现海滩变得干净了,也相当安静。最壮观的景色要在本顿奥塔纳哈的顶部才能看到,这是葡萄牙人在15世纪于林博托湖畔建造的堡垒。这里最令人印象深刻的建筑是省长办公楼。它很大,看起来很像白宫……除了它的颜色是粉红色的以外!

另一座风格独特的建筑,也是哥伦打洛最高的建筑,戈贡安塔,高65米,形状酷似埃菲尔铁塔。它横跨前往机场的城市主干道。下午,我穿过一只塔脚,发现电梯门是开着的,一位老人在里面睡着了。我得叫醒他,这样就可以上到塔顶,但近来要先花1万印尼盾。这没什么好说的,事情本来就是这样的。花钱上塔是值得的,你可以鸟瞰这座遍布锌顶房屋和树木葱郁的城市。

有人告诉我应该去彭塔迪奥温泉,在水中放松一下自己的身体,同时还可以欣赏美景……但我却被带到一个类似公园的地方,里面的建筑很像《唐老鸭和他的伙伴们》中的那样!很明显,这里的水疗中心用的是加热的自来水,和家人一起，在外形像鸭子一样的建筑里，绝对是一种独特的体验，一天的门票是 5 万印尼盾。

在哥伦打洛旅行了四天之后，返回雅加达的航班将于下午 3 点起飞。我下午 1 点就到机场了，结果发现机场关闭了！这也太奇怪了。机场服务员叫我放松心情，坐下来一起喝杯咖啡，说是机场工作人员还没上班。我猜他们还在午休呢吧！

布纳肯岛,不!

1998年一个美丽的夜晚,我在布纳肯岛的海滩上享受了一天。

这是让人足够愉悦的环境,一群人坐在一处欣赏海景。不过,在离我大约十米远的地方,坐着一位上了年纪的西方游客,咳得很厉害。其实我并没注意到有人咳嗽,更没有注意到咳嗽已经停止了。只是最后在环顾四周时,我才发现他已晕倒了!

我跳起身来,冲入聚集在他周围的人群。大家都手足无措。其间有人摸了摸他手臂的脉搏后说:"他死了。"

什么?我头发都竖起来了。

"输点氧气!"有人大声喊道。

一名男子跑开了,又折返回来……手里提着潜水氧气瓶和调节器。这怎么能给他输氧呢?

有人尖叫:"叫救护车!打电话给医院!谁有警察的电话号码?"

无人应答。那人的尸体就只能尴尬地躺在那里。我不知道这该如何收尾,胃里翻江倒海,赶紧离开。

2006年,和朋友一起再次来到布纳肯岛潜水。上午9点左右,船到了幸子角潜水点,停在早前抵达的另一艘船旁。我们潜了十分钟左右,就看到潜水长在打手语示意,她双手交替做出怀抱婴儿的姿势,然后再搂住自己的脖子。意思是孩子已死亡.决不可能!死亡?谁家的孩子?我非常恐慌,这种事怎么可能一而再地发生!

浮出水面后,潜水长告诉我们,她的孩子在我们下潜前不久就在海里消失了。而她的儿子就是旁边那艘船上的潜水长。我爬上了船,从海面搜寻任何一丝他的迹象,而其他人则在水下搜寻。最后,我们的潜水被叫停了。气氛相当阴沉,我们的潜水教练被击垮了。

我们中的几个人把旁边那艘船开回了度假村。那批潜水的人大多是二十岁出头的年轻人。对自己出事的潜水教练,他们似乎并没表现出太多的同情;他们大快朵颐地喝着啤酒。我们这群人的负责人是一位潜水教练,他单独询问了每个人,我凑巧听到了一些让我反胃的故事。

结果是那群人的教练真的行为不当。他把班上的潜水初学者(他们前一天才第一次在泳池里学了潜水)独自留在了深水区,而他自己则为了破纪录下潜到70米深处。这些新潜水学员被放在40米深的潜区后,其中一人惊慌失措,还扯掉了自己的潜水调节器。由于潜水长被留下来一个人照顾四位学员，最后他是得了氮麻醉（即氮中毒，使人失去意识）被洋流带走而失踪了。

更奇怪的是，显然这位教练一直和他的学员一起喝酒喝到天明。这对任何一位潜水者来说都是绝对禁止的，更不用说潜水教练或学员了。我们试图安慰这位母亲，直到黄昏也没有她儿子生还的迹象，但一艘巡逻艇还在海面搜索。她含泪诉说，在一次摩托车事故中她刚刚失去了另一个孩子。此时此刻，海里失踪的潜水长存活的可能性真的微乎其微。溺水的感觉无法想象，最后……一片黑暗。

> 这对任何一位潜水者来说都是绝对禁止的，更不用说潜水教练或学员了。

这两件事让我深思。首先，作为印度尼西亚的普通公民，我们从未接受过心肺复苏的教育，哪怕是最基础的急救方法。而在美国，这是每个人都有义务需要学习的。即使自己曾查阅过，我还是不知道该怎么做心肺复苏。我应该正确地按压胸部的哪里？按压多长时间？按压多重的力量？

其次，我根本不知道24小时急救服务的电话号码。即使想向他们求助，我也会害怕他们会勒索我。如果他们真的要过来，可能要等很长时间。在美国，你只要拨打911即可。你只要记住一个极容易的电话号码，就可以接入警察局、消防部门和救护车服务中心。如果你家的猫被困在下水管道里，你就打911，他们会马上过来……如有必要，他们甚至会挖开路面，就为救你家的猫。

最后一句话：携带水下呼吸器潜水是一项高危运动，请遵守规则。如果你想学潜水，请先对你的教练做一番调查。

若想去天堂,最好先为之努力!

这句话很好地总结了我在苏拉威西岛东南部的瓦卡托比群岛（万吉万吉岛、卡莱杜帕岛、托米阿岛和比农科岛的首字缩写）的旅行。

自20世纪90年代初,我就听说瓦卡托比群岛是多么的美丽,但20年后自己才来到这里。每当我在网上搜索时,所能做的就只是流口水。唯一能提供信息的是一个瑞士人在那里经营的度假村官网,那家度假村住一晚要花数百美元。想少花钱上岛似乎是不可能完成的任务,唯一上岛的交通工具是酒店的私人飞机,机票要数百美元。我是不可能负担得起的。

终于,几个月前,我收到了一封来自TNT[①]的粉丝名叫巴丁的电子邮件,他邀请我去他托米阿岛上新成立的潜水中心玩。他的卖点是,当地唯一的潜水运营商,他实际上是瓦卡托比人! 我很快就把也想去旅行的朋友们聚在了一起。

---

① 作者的游记博客简称。

当然，上岛并不像我所想的那么容易。最简单的方法是乘坐雅加达-马卡萨尔-万奇航线的特快航班。我还是第一次听说这家公司，我甚至都不能在网上订票，网站上所公布的电话号码也没有一个可以打得通。最后，我说服了我的常用旅行社为我们查询，让我知道该怎么做。当收到这些票的时候，我觉得很有趣：它们仍然以老式的票面形式发行！我们无法从雅加达购买回程票，因为很显然他们的系统还没有上线。当我们试着打电话给他们在万奇的办公室时，电话一直断，因为信号太差了。当我们问他们价格时，我们不得不等待他们问他们在雅加达的办公室。最后，我请巴丁帮我们买回程票，即使这样，他也只给我们订到了到望加锡的票。

航班凌晨5点起飞，我们都没怎么睡觉，担心会没听到闹铃，结果不到凌晨3点就离家出发。幸运的是，飞机还不错，甚至还有配餐。在雅加达到马卡萨尔的飞机上的送餐是金枪鱼羊角面包和速溶咖啡，之后到万奇的航班配餐是奥利奥和矿泉水。飞往马卡萨尔的航班是一架波音737，没有什么乘客，我可以在后排三人座位上躺直了睡觉。但后面飞往万奇的航班是一架只有30个座位的、老旧的螺旋桨飞机多尼尔328。过道的一边是一人座位，另一边是两人座位，我很想知道这怎么能保持平衡。乘客当然没要求称重，唯一的规则是行李不得超过10公斤。

我们在中午左右到了万吉万吉岛的马塔奥拉机场。从机场坐出租车到市中心要一个小时的车程。万奇的出租车都是按里程收费的丰田威飒，总共只有五辆，也就是说如果你没叫到车，那就意味着很不走运。去托米阿岛的公共渡船每天早上9点开，所以我们不得不在万奇住一晚。贵宾客房要付13.2万印尼盾，照看酒店的是位傲气的小伙子，完全帮不上什么忙。最糟糕的是，现在还是开斋节假日①，食品摊大多都关门，我们呆呆地坐上了一整天，无事可做。

渡船上午9点准时起航。核定载客只有50人，但船上肯定有100人，大家坐在外面甲板上，有的甚至坐在船顶上，还带着他们的摩托车和行李。从万奇到托米阿岛的航程需要三小时，船票10万印尼盾。仅是想找一个地方坐下都很难，更别说赶上你犯困想睡下的位置了。在托米阿港，巴丁开着一辆面包车来接我们，紧接着驱车30分钟前往瓦哈。

托米阿潜水中心在海滨一所二层小楼里有两间房。幸运的是，都装了空调，但只有从下午6点到早上6点间供电。楼里淡水供应充足。然而，我们只能收到一家移动运营商的信号，为此不得不新买一张手机卡。早晨是退潮期，我们被送上他们那晃晃悠悠的小舢板。你猜对了，我们一直在浮潜、深潜，和巴丁以及他的兄弟安托一起享受阳光。

> 你猜对了，我们一直在浮潜，深潜，和巴丁以及他的兄弟安托一起享受阳光。

---

① 在伊斯兰教斋月结束后的假日。

若想去天堂,最好先为之努力！

离开托米阿岛，我们坐了三小时的船到达霍加岛。这艘船是我们花了120万印尼盾租的，好在是我们五个人分摊。在互联网上研究了一番之后，我找到了一家在巴务巴务市名叫瓦萨格潜水人的潜水中心。从中心了解到我们可以留在霍加岛，更令人意外的是，他们的潜水教练伊敏会过来带我们四处玩玩。我们将住在森林中间的木屋里，蚊子超多，还会见到巨蜥。屋顶漏水，一下雨，水直接漏到床上。电力供应只在下午6点到晚上11点之间。岛上没有淡水储存设施，每两人每天限量供应一桶水。木屋双人价每晚20万印尼盾包餐，我们别无选择，只能接受。凌晨5:00，我们乘公共轮船从霍加岛出发，早上7点回到了万奇，我们起床晚了，不得不淌水上岸！

> 瓦卡托比群岛太棒了，尤其是在水下！

不管怎样，所有的艰辛都是值得的。瓦卡托比群岛太棒了，尤其是在水下！要上天堂可真不是一件容易的事儿啊。

瓦卡托比群岛：海上海下皆天堂

你听说过一个"海上海下皆天堂"的地方吗？

欢迎来到苏拉威西岛东南部的瓦卡托比群岛。它也被称为铁匠群岛，占地面积139万公顷，其97%是海洋，人口约10万。在人类已知的850种珊瑚中，这块海域是其中750种珊瑚的家园。即使是红海也只有大约200种，在整个加勒比海，你也只能看到70种不同的珊瑚。这里是如此丰富多样，作为一名潜水者，在这儿你不需要走很远就可以看到惊人丰富的物种。

在托米阿岛和霍加岛周围潜水时，我亲眼见识了"海下天堂"。事实上，海水清澈见底，你甚至不需要潜到水下就能清晰地看到珊瑚。但是，当你真的潜下去时，就会看到这里的珊瑚是多么的密集、繁茂和生机勃勃。我想我们完全没在意四周的风景。我们更感兴趣的是那些像脑叶状、包菜状或巨型玫瑰状的珊瑚，还有些像电灯泡，另有一些平得像桌子。以前我们一想到软珊瑚的形状，都是一些像小花朵、树、蘑菇或者色彩鲜艳的海扇。

这里鱼的数量也非常惊人。因为这里不是深水，鱼长得不是很大，但有海龟、狮子鱼、龙虾、隆头鹦鹉鱼、海蛇、海鳗，以及各种形状和尺寸的海洋小型生物，如裸鳃类软体动物。这里的小丑鱼数量爆棚，不仅有橙白相间的，还有紫纹和蓝纹的。在桌珊瑚城旁，我发现自己身处于一米多长的如刀锋般锋利的梭鱼群之中！

> 在桌状珊瑚城旁，我发现自己身处于一米多长的如刀锋般锋利的梭鱼群之中！

还有一次，我早上6点起床去潜水，见证了阿里珊瑚潜点的高峰时刻。太不可思议了！看到一大群鱼从各个方向忽左忽右地高速冲刺，真是令人眼花缭乱。上百条蓝鱼从我的右边游过，而另一群黄鱼则从另一边冲过来，白鱼们向上游去，而黑鱼们则直刺海底……就在我面前，上百条半米长的山岗鲹，挡住了我的视线。哇喔！

水是如此清澈，能见度高达30米，亮蓝色的光真的是熠熠生辉。水下景观是如此得形形色色，时而平坦如砥，时而倾斜似山，有的珊瑚顶部呈尖顶，甚至整片珊瑚墙像箭丛。在这里你的眼睛完全应接不暇。虽然洋流很强，但要再说重点：洋流越强鱼越多。

那么什么是"海上天堂"呢？瓦卡托比群岛地处印尼东

部，下午碧海蓝天，夜晚繁星闪耀。飞机临近，从上向下俯瞰，景色简直令人叹为观止：葱郁的岛屿、洁白的沙滩、环状珊瑚岛以及蓝海如带，在靠近海岸时海水逐渐由深至浅。除了39座岛屿外，在瓦卡多比群岛还有一些沙质环礁。卡莱杜帕实际上是世界上最狭长的珊瑚礁，有48公里长。世界上最大最多的珊瑚礁群是澳大利亚的大堡礁，绵延3 600公里，但这是由多个环礁连接在一起的，而最长的单个环礁是在瓦卡托比群岛。

即便在万奇港海面也很干净，没有常见的漂浮垃圾，也没有因漏油而遭破坏的海水清澈度。最神奇的地方是托米阿岛的豪华度假酒店。因为是西方持有人真的确保海滩得到了适当的维护，并且绝无死角。只有客人才允许进入酒店前面的大海。为了保护环境，我是可以忍受这种排他性政策的。其实，我们自己住在托米阿潜水中心的小木屋里也挺不错的。虽然那里没有沙滩，但大海近在咫尺。

> 最神奇的地方是托米阿岛的豪华度假酒店。

转到霍加岛后，我们终于可以在白沙滩上晒太阳了。霍加岛的植被不是四处可见的棕榈树，而是高大的松树。漂亮！这里还是英国非政府组织研究珊瑚礁和鱼类资源的中心。每年7月和8月，都有600名西方人来到这里，研究瓦卡托比群岛令人难以置信的物种多样性——这里有世界上最

瓦卡托比群岛：海上海下皆天堂

多样化的海洋生物群。最美的岛屿是恩达阿岛。这是个无人居住的岛屿，距离托米阿岛一小时的航程，这里有白色的沙滩、稀疏的植被和数英里长的清澈海水。

> 每年 7 月和 8 月，都有 600 名西方人来到这里，研究瓦卡托比群岛令人难以置信的物种多样性。

这一天堂里唯一美中不足的是淡水和电力的缺乏。我们在等回马卡萨尔的航班时讨论过这个问题，伊敏邀请大家去离万奇机场只有十分钟路程的帕图诺度假酒店度假。这是一间中档度假酒店，有自己的白沙滩和每天 24 小时供应的淡水与电力！度假酒店刚开业几个月，由当地县长所拥有。所以今天你来瓦卡托比群岛度假时，就有了多种选择，从霍加岛的背包客到托米阿岛的豪华度假酒店，现在还有万奇的这家中档酒店。在忍受了没有像样的洗手间和限量供应淡水一周后，我保证会充分利用当地县长的酒店设施！

从土味摇滚到呼啦圈

旅行时，我想做的第一件事是领略周围的风土，之后再了解当地的人情。

你不可能一天24小时都待在水里，所以去瓦卡托比群岛，你会花时间与所遇到的当地人在一起相处。虽然大家都来自同一个国家，但我从当地人那里还是能学到很多东西。我发现，在瓦卡托比的每个岛屿上，都有各自不同的语言，尽管岛屿与岛屿之间只相隔几公里的海面。如果你是从爪哇岛或印度尼西亚西部地区来的，就不会真正了解东部列岛的人。甚至他们说印尼语的方式也和我们不一样，从他们的语音语调中，有时你无法分清他们说的是陈述句还是疑问句。印度尼西亚东部的笑话总是在说该地区的其他岛上的人，特别是马卡萨尔人、安汶人和巴布亚人。我们在印尼西部的人也是一样，喜欢拿巴塔克人、巴东人和亚齐人开玩笑。

9月到10月是托米阿岛的婚礼旺季。因为所有人在开斋节期间都会回家，正好是做婚庆活动的良机。多亏了免费的土味摇摆音乐表演，婚庆把整个岛上的人凝聚在了一起。晚上10点。巴丁骑摩托车带我去参加一个朋友的婚礼。10点是到场的最佳时间，因为在此之前，只有小孩子们和祖父母们在跳舞，他们都是从小开始学跳土味摇滚舞的！土味摇滚派对在婚礼之夜前夕开始，通宵达旦，真不知道新婚夫妇是如何应付的。

> 9月到10月是托米阿岛的婚礼旺季。

房前竖起了一顶大帐篷，挡住马路。土味摇滚乐队由一个被称为电子琴的风琴组成。这是个一人乐队，但其音响系统还不小，扬声器高高地堆在一起。风琴手除了演奏音乐外，还要为身穿紧身红裙的女歌手当伴唱。大家都用当地的方言唱这些歌，而我完全辨认不出。帐篷周围到处都摆放着塑料椅，但只有妇女们坐在上面。男人们都坐在外面。女人们分到一罐红色芬达饮料，男人们则喝啤酒。几位女人正在露台上做饭，为了准备明天的派对，还有一些年长的绅士们打着牌。

歌声一响起，男人们马上走近女人，请她们跳舞。之后大家开始排队，男人在左，女人在右。他们站成整齐一排，步调一致，竖起拇指指向填空，口中"1、2、3、4"地数着前后步伐。有时他们会跳来自布通岛的马鲁洛舞，大家手牵着手，围成一圈，一会儿向里，一会儿散开。跳舞的不仅仅有孩子，也有很多老人家成双成对地跳着，期间还会交换舞伴。但歌一停，大家立刻离开舞池。歌声再次响起时，他们就会和新舞伴一起跳舞。我很可怜其中一位长得漂亮女孩，她浑身大汗，每首歌都有人请她跳舞，在这儿女孩子是不可以拒绝他人的跳舞邀请的。最后，我还是被一些老先生拉入舞场。在舞蹈结束时，我想他们一定感到自己真的老了！

在霍加岛，我遇到了一位像大力水手般有六块腹肌和二头肌的男人。后来才晓得他是巴焦人。我很兴奋，巴焦岛可是海上吉普赛人的故乡啊！我问他，是否可以去拜访他在桑佩拉的村庄，那儿是靠近卡莱杜帕岛的外海中的一座小岛。

他们的房子用木头搭起框架，再用竹编成屋墙，而地基都是由珊瑚块堆积而成。村长的妻子告诉我，岛上大约住着一千人。围绕着村子，木屋与木屋之间铺着许多半米长的短木板。对我来说，应付这些摇摇晃晃的小木桥可是一件难事，但对村里的女孩子来说，就是她们的第二天性，她们毫无顾忌地跑来跑去，还转着呼啦圈。

> 我很兴奋，巴焦岛可是海上吉普赛人的故乡啊！

我是上午11点上岛的，岛上大多数人都在露台闲着。女孩子脸上抹着白色粉末来防晒，即便是巴焦的女孩也不想晒得太黑。几位男人在打台球，穿着短裤和无袖T恤。其他人则准备好要出海，大家几乎都没穿上衣，而且个个都有六块

从土味摇滚到呼啦圈

腹肌！还有一对夫妇拿着手机自拍，嘲笑那些新的手机铃声。年幼一些的男孩会从木屋直接跳进海里。这些海洋人太幸福了！孩子酷爱的游戏就是乘坐小木船出海，然后在一艘刚好经过的快船尾流里把小船弄翻，引起他们大声欢笑。这里的孩子所养的宠物也非同寻常。他们用绳子绑着一只海龟，把它像汽车一样到处拖着走。另一个孩子玩的宠物是章鱼和海鸥！

岛上的公共设施也还不错，有一间诊所，一座清真寺，一所没有学生的宗教学校，还有一所没有庭院的小学，这让我非常好奇，他们要怎么做升国旗仪式呢？而这对每所印尼学校都很重要。尽管他们靠海为生，但若有人去世，葬礼还是会在卡莱杜帕岛的陆地上举行。

天气真的很热，我去村中一户人家闲逛，海风阵阵，屋里非常凉爽。屋里有一间接待客人的房间和一间厨房，但我没有看到洗手间。淡水他们都得从卡莱杜帕岛购买，而电力是靠一台只在晚上开动的发电机。在客厅看到一张摆着夸张姿势的异装癖者的照片，我刚想笑，突然有人在我背后说道："嗨，我叫利亚，那张照片里的人就是我！"哎呀，结果竟然，即使是在你最意想不到的地方，也能撞上异装癖者！

马后炮：在印度尼西亚旅行

印尼人也是人

印尼在国外很有名吗?好吧,如果你问的是我们周围国家的人的话,那答案是肯定的。

你可以去问问印尼人常去旅游地的当地老百姓,印尼人以其狂热的购物习惯而闻名,而且在一些国家,销售员还会努力学会一些印尼语,就是为了卖东西时够用。

然而,如果你去了一个"不同寻常"的地方,很多人可能连听都没听说过印度尼西亚。如果我再告诉他们是在"东南亚",他们也不一定知道那是在哪儿(也许他们自己连东南西北都分不清?),最后我只能告诉他们,就是"挺靠近澳大利亚"的,或者更进一步是在"新加坡和澳大利亚的中间"。如果对着一个对印尼一无所知的人让我感到恼火,我可能会详细说明:"我们有1.7万座岛屿和2.5亿人口。你们国家根本不行。你怎么会从没听说过我的国家,蠢蛋!"(当然,最后的两个字会被我留在肚子里!)

住酒店,你必须办理入住手续并说明自己的国籍,大多数酒店都采用会员制。在小镇子或"不同寻常"的国家旅行，我常听到这样的话："嗯，我们的会员名单上没有印度尼西亚。您是第一位入住这里的印尼人。"

我应该为此而感到骄傲吗？并没有。印尼人很少会住这种我有时会选的廉价旅馆。具有讽刺意味的是，印尼人在他们经常造访的国外大城市里，被人们称为"资产阶级"。一次，我在巴黎的一家青年旅社入住时，他们突然问我："您为什么要住在这里？印尼人都很富，喜欢购物，也喜欢乘坐豪华巴士去旅游！"

> 具有讽刺意味的是，印尼人在他们经常造访的国外大城市里，被人们称为"资产阶级"。

我想我可以说，在荷兰或澳大利亚旅行，我为自己是印尼人而感到"自豪"。他们一闻到我的 kretek[①] 味道，马上就能弄清楚我是从哪里来的。好笑的是，当你听到他们说，"嗯，我闻到了丁香烟的味道。我真很想念印尼！"然后他们开始说印尼有多美，那里的人有多友善。如果不是因为带的丁香烟，我想自己会被认为是越南人或菲律宾人，这可是两个拥有大量海外移民的国家。

偶尔我身旁的人不需询问，也闻不到我抽的烟味，就能辨别出我是印尼人。有一次在澳大利亚的布里斯班登机时，

---

① 丁香烟。

候机厅的电视正播着印度尼西亚发生骚乱的新闻。感觉整个候机厅里的人都在盯着我,身边那位面带讥笑的人问道:"那就是你的国家,对吧?"

我咧嘴一笑,相当不爱国地回答说:"没错,这就是我在这里的原因!度假!"

当然,作为印尼人也会有意想不到的好处。在美国的亚特兰大,我叫了一辆一位阿拉伯移民开的出租车,他认出我是从哪儿来的。"我爱印尼!你们做的祈祷莎笼服很棒。"而且他不让我付车钱!

> "我爱印尼!你们做的祈祷莎笼服很棒。"而且他不让我付车钱!

我在新西兰的基督城也搭了一趟免费车。"你是从印度尼西亚来的吗?哇喔!我是印度人!"

这个真的有点莫名其妙。

依我个人的经验,最没听说过印尼的是美国人,尤其是那些加州以外的美国人。难道作为超级大国就意味着他们觉得没必要去研究别的国家吗?听说我从印度尼西亚来,最普遍的回应是"那是哪里?"或者"是在巴厘岛附近吗?"最糟糕的是:"印度尼西亚?靠近关岛,是吧?"

烦人!我真的不喜欢被飞机上邻座的老人喋喋不休地问有关印度尼西亚的事。印度尼西亚在哪里?有多远?首都叫什么？甚至"印尼人早餐都吃些什么？"

"面包、奶酪、培根和鸡蛋。"我的回答也太刻薄了！

但老人却很当真。"真的？和我们一样，我们早餐也吃这些。"

一声叹息！

超重的旅行者

在一档广播电台访谈节目的电话连线环节中,有位听众直接问我:"姐,作为一个大身材的人,您旅行会遇到什么样的问题呢?"

这是个棘手的问题,我答道:"实际上这很有帮助,也就是说我足够强壮,可以驮着背包到处走,而他人想烦我之前也会三思而后行。"偶尔会遇到这种尴尬,只要自己不介意那就真的没问题。平时我只是觉得这类问题挺搞笑的,但这些天实在感到非常尴尬。除了在买衣服的时候,我并不认为体胖是个障碍。我依旧喜欢穿背心、短裤和比基尼。如若有人叫我"儒艮"或"鲸鱼",我也早就习以为常了!

我始终忘不掉一次旅行的尴尬时刻。那是在约旦的佩特拉,我想租匹马骑骑。但马老板们拒绝了我好几次:"不!不行!你太胖了!"就在众目睽睽之下!还有就是在小飞机登机时,每个人都要求称重,这也相当尴尬。我实在不喜欢被当众公布自己的体重。也许最常见的是自己所坐的椅子突然倒塌。在朋友家里坐塌人家的椅子就已够难堪的了，更不用说后来在餐厅里了。我很讨厌这些声响，先是椅子断裂，然后是盘子、餐具和玻璃杯掉落在地，中间当然还有自己手忙脚乱地想把它们全部留在桌上的器物撞击声。最后整个餐厅的人都像看笑话一样盯着我。此时此刻的我唯一能做的就是露出我那傻傻的微笑，和大家一起笑。

> 除了买衣服的时候，我并不认为体胖是个障碍。

2009年的暑假，我收到电视节目的邀请，需要置办一套新衣服。我求一位体重105公斤的朋友帮忙，她带我去了雅加达一家购物中心里她经常光顾的精品小店，这里售卖超大号的服装。这家精品小店只有三平方米大小，可衣服却非常"潮"。我试穿了一些，显然我的尺寸是这里最小的，刚到XL。我那5个加大号的朋友对我说："哦，天哪，你也太瘦了！"店员告诉我，他们卖的衣服尺寸都在XL和8L之间，而3L是卖得最好的。

后来来了一批超大号的顾客，她们不进店，就站在外面对导购员喊道："5L，姐们儿，有新货吗？"我很喜欢这种直来直去，对我正在挑选的衣服，她们还给了不少建议。趁着等试衣间的时间，我浏览了店里的其他服装。这儿甚至连内衣都有得卖，导购员拿了几件让我看看。"这是内裤还是从附近健康诊所弄来的称重包?"我问道,这引起了店内店外人们的哄堂大笑。似乎所有超重的人都有同样的幽默感,他们拒绝把肥胖看作是一种侮辱。不管怎样,这次去店里买衣服让我感到自己十分渺小!

还有一些事情让我得感激现在的我。有一次,只为了好玩,我去参加了一档外国真人秀节目《亚洲超级减肥王》的试镜,在这个节目中,参赛者努力减掉最多的体重,获胜者将拿到10亿印尼盾。参加试镜的有100多位超重的印尼人。我的观点被证明是正确的:与普通人相比,超重者更有趣,更不自我压抑。大家一见面就都趣味相投,互开玩笑,彼此逗乐。称体重时,完全不尴尬地大家说:"你知道吗,我体重134公斤!"要不就是:"哇,我减了2公斤。现在已降到109了!"量血压时,有人告诉我们:"你知道吗?我高压到160!"而正常值应该是120。我们会拿到磅秤自动打印出来的报告,上面会列出我们的减肥目标应该是多少,以及我们的标准体重是多少。我旁边的女孩说:"哈!我得减掉58公斤!"她多余的脂肪重量相当于一位成年女性的体重!每个人都畅所欲言,真的太逗了,大部分时间我都眼含热泪。

待了一个小时后,我注意到有些参赛者在用奇怪的眼神看着我。她们其中一位走过来问我:"你来这里想做什么?是想治你的厌食症还是其他什么病吗?"这时我才恍然大悟。事情就是如此搞笑,在她们眼中,我看起来太瘦了!我想自己已成了大号世界里的凯特·摩丝①!

> 我的观点被证明是正确的:与普通人相比,超重者更有趣,更不自我压抑。

试镜后,我就和原来一块儿工作的朋友直接去万隆,在那儿过一晚。和平时一样,去万隆除了吃东西你还能做什么?我仍然很享受"还不算太糟糕"的自我感觉……后来我坐坏了这家餐厅的一把塑料椅和另一家的一条长凳!

---

① 英国超模,以零号身材著称的"世界唯一的超模"。

送我去机场!

四天前

当晚我正和朋友尼娜共进晚餐,突然收到一封邮件,说我应航空公司邀请去中国的行程被取消了。

我很不高兴,因为我刚拿到签证,并且已经重新安排了我的行程。我们很自然地决定去海滩,因为我们俩都需要一些阳光。我被困在家里做术后恢复。我们选择了勿里洞岛,因为它是最近的,也相对便宜的。我一到家就以最快的速度在网站上订了机票。航班计划是在 2012 年 6 月 12 日上午 9:20 起飞。

一天前

尼娜建议早点儿到机场,躲开雅加达疯狂的交通高峰期，在起飞前还可以吃个早餐。我们约好早上 7:30 在苏加诺哈达机场的 1C 航站楼碰面。

我打电话给出租车司机，让他早上 6 点半来接我。他为我提供接送机服务已有两年，他答应了。一切井井有条！我一边收拾行李，一边看电视足球比赛。

2012 年 6 月 12 日　凌晨 5:30

手机闹钟响了。因为看英国队和法国队的欧洲杯比赛，自己只睡了几个小时，此时筋疲力尽。我把闹钟重设到 6 点，想再多睡一会儿。半小时后起床，洗了个澡，穿好衣服，整理完房间。

早上 6:30

出租车应该已经到了。他通常停在门外等着，自己还可以再眯一下。临下楼我突然想起自己忘了带泳镜，在橱柜里找了一通。我还决定带上我的电脑，希望自己能有心情在勿里洞岛写点儿东西。最后，还要重新再收拾一下行李。

早上 6 : 45

我出门，出租车司机竟然还没到！这可不太正常。我打电话给他，但他没有接。我又打了一遍，仍然无人接听。我猜他一定是睡过头了。在接下来的15分钟里，我不停地打电话，发短信，但始终没有任何回复。该死的！你醒醒，好吗！！

是时候着手替代方案了，我给一家出租车公司打电话订车。"对不起，女士，在早上8点之前我们不能再接订单了，车已订满了。"我是不会泄气的，拿起电话，打给另一家公司。答案却是如出一辙：没车！我上网搜别的出租车公司，打电话，运气依然很背！噩梦啊！

没车，下一个保障措施就是给平时接我的摩的司机打电话。他可以在大路上叫车，再让车开来接我。我家是在一条死胡同的最里面，紧挨着墓地，离主干道整整两公里远。我不可能拖着行李一直走到外面，尤其是手术后线还没拆呢。我一遍遍地给摩的司机打电话，但他也未接听！

所以，下一个预案就是上楼叫醒妈妈，让她开车送我到大路，这样就可以自己招手叫车了。可是，这样也行不通。我妈一大早就出门了。完蛋了！！！

送我去机场！

> "哥们儿,想约个摩的,让司机帮我叫辆出租车!"

早上 7∶00

接着给摩的公司打电话:"哥们儿,想约个摩的,让司机帮我叫辆出租车!"

电话另一边的人有点吃惊。"女士,我们以前从来没收到过这种订单。我们只是把客人送到他们想去的地方,或递送文件什么的。"

我恳求道:"帮帮忙,哥们儿。这真的非常非常紧急,我现在马上要去机场!"他似乎在为我感到难过。"好吧,女士。我会找个司机来试试帮你。我想人应该半小时以内能到。"

半小时?! 好吧,我别无选择。

早上 7∶30

我妈回家了。看到我还没出门,她立马惊慌失措。她提议要开车送我去大路上。此时,摩的司机还在外面找出租车。除非我接受我妈的提议,否则我真不知道要怎么走出困境。

电话响了。尼娜说她在机场一切就绪。可我还在家！我真想杀了我的出租车司机！这全都是他惹的祸！

早上 8：05

坐在车库，我焦急地等着。在家门口，我看到了最荒唐的情景：我妈在前跑着，一辆摩的紧跟其后，而一辆出租车尾随而入！显然，我妈固执地认为摩的司机找不到我家的位置，她自己跑到大街上去了。终于得救！我跳上出租车："师傅，能开多快开多快，赶紧去机场！我赶不上航班了！"

> 我妈在前跑着，一辆摩的紧跟其后，而一辆出租车尾随而入！

早上 8：30

离飞机起飞还有 20 分钟，我却刚上机场高速公路。出租车司机绝对是能开多快开多快，车里警报器不停地响着，提示车已超速。我膝盖发虚，心怦怦直跳，一身冷汗。我喃喃

送我去机场！

自语为自己祈祷。

尼娜的电话来了："我在休息大厅吃早餐。如果你赶不上航班，我们该咋办呢？在勿里洞岛见，对吗？"太现实了吧！！如果我真的没赶上航班，也只不过是第三次而已。姐们儿我有钱再买张机票，只是白白浪费时间也太丢人了。我羞愧无比：真正的旅行者是不会错过航班的！

我已准备接受命运的安排了。还能多做些什么呢？显然自己迟到了。我改了自己祈祷的内容："亲爱的上帝，我已原谅平时接送我的出租车司机，他今早没能如约接我。只要能安全抵达机场，迟到了也无妨。"

上午 9：15

我跳下出租车，穿过马路跑进机场入口，心中完全没有一丝幸运的希望。我快速扫了一眼值机柜台，找到排队最短的那个。在我面前是一家人正办行李称重。航空公司的一名工作人员喊道："邦加！槟港！邦加槟港！"我知道那不是自己要去的地方，但还是举起手，挥着手直接走向柜台。那家人的行李被拿下，换上我的。我把票拿给柜台后的女孩。

"您是飞丹戎潘丹的航班，不是邦加槟港！"她说。

"对不起！还以为你要办去丹戎潘丹的登机牌呢，我知道我的航班马上就要起飞了。请帮帮我，姐们儿，求你了！"

> "别急，飞丹戎潘丹的航班延误了45分钟！"

"别急，飞丹戎潘丹的航班延误了45分钟！"

哈哈。

我笑得合不拢嘴。我从来没有因航班延误而如此开心过！整个早上赶到机场的戏剧性都在这个甜蜜、幸福的大反转中结束。而这只在印度尼西亚才会有！

印度尼西亚九个最佳游泳海滩

根据《世界概况》指出的，拥有 17,508 个岛屿的印尼，仅次于加拿大，是世界上海岸线第二长的国家。

更重要的是，印度尼西亚是赤道上的热带国家，全年阳光普照，海水温暖。其结果是？美得不可方物的海滩。

作为一个热爱海滩和游海泳的人（而不仅仅是浮潜或潜水），在挑选最好的海滩方面，我可没那么容易被人忽悠。问题是，在印尼有那么多海滩。为了把最佳海滩缩表到 9 个，我必须制定一些严格的标准。它们必须得是安静，干净，免费对外开放，宽阔且多沙，没有珊瑚，水质清澈。此外它们还不应太浅，也不应有强水流或大浪，如果可能的话，最好具有一些与众不同的特色。

以下是印度尼西亚最佳游泳海滩，按距离雅加达的远近顺序排列，从最远的开始。

① 西巴布亚四王群岛米苏尔区的贾姆岛

如果你在印尼想找拥有最多海滩的地方，答案非常简单：四王群岛。这里尚未完全开发，海滩看起来都很漂亮。但要注意：四王群岛的面积和东爪哇一样大。燃料在巴布亚很昂贵，而且限量供应，去那儿都不便宜，租一艘船那可是要花一大笔钱的。

要从这里的数百个壮丽的海滩，包括瓦亚格群岛及其惊艳的美景中，必须选出一个最佳的，我选贾姆岛。这个无人居住的岛屿位于米苏尔地区，四王群岛南部的深处，极端地与世隔绝。海滩上是松软的白沙，非常适合游泳，滩面开阔，海水晶莹剔透。如果你稍微游出去一点，便可领略到健康的珊瑚礁那斑斓的色彩和丰富的海洋生物。岛上的景色是令人惊叹的喀斯特山丘，雨后，如果你幸运的话，会看到一端落入海里的彩虹！

② 亚齐省韦岛的伊博宜海滩

亚齐是印度尼西亚唯一遵守伊斯兰教法的省份，但女人们（当地的女人除外）在韦岛可以自由穿着任何自己喜欢的泳衣。这里是印尼最西端，最近的城市实际上是沙璜港。

亚齐潜水运营中心位于伊博宜岛，这里有很多廉价而简易的平房出租。海滩完全被隐藏起来，得在山丘上上上下下地走上一段时间，穿过茂密的森林才能到达那里。树木为一部分海滩提供了绿荫，是个能在海风中放松和读书的好去处。它也被鲁比亚岛洋流隔开，海面就像湖般平静。

③ 马鲁古省开普勒凯伊群岛的恩格布鲁拉特岛

凯伊群岛（又称为卡伊群岛）位于马鲁古省的中部。我是从 BBC 纪录片《孤独星球》蓝榜上找到它的，这里被列为世界十大海滩之一。他们甚至有最酷的机场代码 LUV[①]！超浪漫的，对吧？

凯伊群岛有许多漂亮的海滩，但最壮观的要属恩格布鲁拉特岛，以其 *Pantai Pasir Panjang*[②] 著称于世。海滩上那明亮的白沙（不是灰白或米色），仿佛婴儿爽身粉一般柔软，类似于马尔代夫的沙滩。海滩也很宽阔，有时当地人拿它当足球场用。海滩上排列着成千上万棵棕榈树和几十间小木屋，你可以租来休闲放松。周末，当地人喜欢来这里野餐，这片海滩有 5 公里长，所以你永远不用担心找不到安静之所。

---

① 爱，爱情。
② 长沙滩。

④ 东南苏拉威西省瓦卡托比的恩达阿岛

瓦卡托比，也被称为打铁群岛，因其海洋生物而闻名。在这里，你可以找到人类已知的850种珊瑚中的750种。当然，如果你对潜水不感兴趣，这里的海滩也非常适合游泳。

恩达阿岛是一个无人居住的岛屿，海滩比岛中心位置的植被覆盖区还要宽。这里没有太多的阴凉之处，要准备够多的防晒霜。它是如此暴露在阳光下，云层似乎是近距离飘过地面。海滩沙多且宽阔，是个全家人在沙滩上闲逛或放松的拍照热点。这里的大海很适合游泳；清澈的海水，又不太深，脚下沙质松软，平静无浪。

⑤ 东努沙登加拉省阿洛岛的巴图普提海滩

阿洛尔是阿洛尔群岛中最大的岛，位于小巽他群岛的东侧边缘。这儿是继巴厘岛、龙目岛、松巴瓦岛和弗洛雷斯岛之后离印尼东部最远的群岛。不像该省的大部分以干旱大草原为主的地区，阿洛尔到处都是绿色的山丘和肥沃的土地。

该岛以其潜水而闻名,但一看到海滩时,你会深深为此着迷。我最喜欢的是巴图普提海滩,它被白色的喀斯特悬崖所环绕。它实际上就位于渔村旁,但还是非常安静和干净,村子里的人也都很友善好客。阿洛尔的海下能见度可达 30 米,海水极其清澈,从水面上就可以看到大量的海洋生物。由于当地渔民仍在使用传统方法捕鱼,品种数量惊人的海洋生物在这里蓬勃生长,完全没有受到任何的破坏。

⑥ 东努沙登加拉省西松巴岛的拉滕加罗海滩

松巴是一座几乎与巴厘岛一样大的岛屿,属东努沙登加拉省。这座岛从未当做旅游目的地来推广,几乎保持着原生态。这儿的马和织布都很出名,同时也是一座异常美丽的岛屿。这里的海滩,干净而空旷。

我选择的是科迪县的拉腾加罗海滩,距离布巴克县城大约一个小时的车程。低矮的石岩环绕着白沙滩,在那里还可以找到巨石墓碑。海滩不寻常之处在于它地处河口的位置,本身就是蓝色海水和沙质海床。淡水和海水的汇流处形成一片出类拔萃的潟湖,掩映在松巴岛传统的高顶屋之间。有时当地人会来这里洗马,这一切都构成真正异国情调的场景。

⑦ 科莫多岛的粉红海滩

如果你想找到粉红海沙,不需要去巴哈马群岛,在印度尼西亚的科莫多岛就能找到。当地人称之为 *Pantai Merah*[①],但全世界都叫它粉红海滩。在这里,你不会被任何一幢建筑来分散注意力,因为它位于无人岛上,你可以尽情拥有这里的一切。

想象一下,海滩外,一片各种蓝色的大海出现在地平线上,周围环绕着绿色丘陵,天空湛蓝,茸毛般的朵朵白云……沙滩还是淡粉色的!这种颜色来自于海岸边所生长的白色珊瑚与红色珊瑚的组合体。往海里稍微游远一点,你就会看到神奇的珊瑚礁和海洋生物,不过要想真正观赏水下美景,最好还是带上自己的潜水装备。

⑧ 万丹省的贝坞藏岛

贝坞藏岛是乌戎格库龙国家公园的一部分。贝坞藏在当地方言中是"鹿"的意思,鹿在岛上四处可见。不幸的是,

---

① 红海滩。

印度尼西亚九个最佳游泳海滩

这也有猴子，在海滩上放东西可是要小心！

万坞藏岛是离爪哇岛最近的海滩，这里白沙细软，蓝海温和。可以在岛上选地方住下来，海滩是开放游玩的，也经常是大家在徒步穿越乌戎格库龙国家公园后歇脚的地方。我保证，当你坐船进来，就会看到这里的海滩有多美，你会心里痒痒地迫不及待地一头扎入海中！

⑨ 勿里洞岛的奥丹戎亭吉海滩

勿里洞岛在印尼之所出名是因《彩虹勇士》这本小说及其同名电影。然而，在勿里洞岛能看到的不只是电影里破旧的学校和咖啡店，还有多处点缀着巨大岩石的至美海滩。大多数游客把勿里洞岛作为去其他岛屿的起点，其实在我看来其他那些海滩水太浅岩石太多了。也许到此游玩的人不爱游泳，他们更喜欢花时间拍照！

尽管丹戎亭吉海滩并不是《彩虹勇士》的取景地，但却是我的最爱；海滩最佳处就在洛林酒店的对面。海滩紧挨着交通繁忙的马路，除了西方游客，几乎没人敢斗胆在那儿游泳。就我而言，这儿是离雅加达最近且最美的海滩。海沙细软而洁白，海水清澈而平静，海床够深而平坦，就像在泳池里游泳一样！尽情享受吧！

辣椒！

辣椒是印尼烹饪必备的佐料，无辣椒而不欢。

干辣椒、红辣椒、绿辣椒和小米椒是印尼调味料的组成部分，也是印尼 Sambal① 的必备原材料。除了外国朋友，我几乎不知道有谁不喜欢辣酱和辣菜的。我自认为这就是为什么生活在海外的印尼人总是如此想家的原因。

在西方国家，我从未尝过真正辣的食物或辣椒酱。在美国的餐馆里，也很少能找到辣酱瓶。他们有黑胡椒酱，塔巴斯哥辣汁。这种辣汁通常在吃披萨饼时会加几滴或加在卡珍海鲜调料里。欧洲也是一样的，只会用黑胡椒酱或黑胡椒粉来增加辣味。在墨西哥，墨西哥辣椒最为出名，这是一种圆圆胖胖的绿色辣椒——每根5到9厘米长，当地人都觉得它很辣，但在我看来却是相当温和。在亚洲，情况要好得多。

来自泰国和越南的瓶装辣椒酱也很有名，在美国和欧洲

---

① 辣酱，许多印尼菜肴必备餐桌调料。

的专卖店里都能买到，但都带点甜酸的口味。唯一能尝到与印尼辣椒相同风味的是在泰国真正的泰餐馆，这在泰国那些专门做游客生意的餐馆里是吃不到的。在熙熙攘攘的泰国集市上尝尝冬阴功绝对是值得一试的……保证你辣到想哭！冬阴功汤不仅滚烫，而且还超级辣。如果你吃时咳嗽，在鼻腔后侧就会感到一阵刺痛。和芥末一样，嗅觉上的辛辣要比味觉强烈得多。

以前在菲律宾上学时，我们时不时在吃晚饭时会分享各自国家的菜肴。印度的辣菜是出了名的，但对我来说，还不如印尼菜辣。但对菲律宾人来说，一点儿印尼咖喱就足以辣到流泪。而我做的炒饭，会让印度人流泪！在校园里，我的"崔妮蒂酱"是非常受欢迎的。我自己很喜欢印尼辣酱，结果就是去餐馆吃饭只能带上自己做的。我会要一些酱油和他加绿红辣椒，先把辣椒切成小片，再拌入一勺酱油。这简易的"菜谱"很快流传开来，尤其是在那些认为菲律宾菜根本不辣的印度学生中。尽管装辣酱的菲律宾瓶子上自豪地贴着一张大标签，上面写着"世界最辣辣酱"，但它还是不如印尼 ABC 牌的辣酱辣！

不管爪哇辣酱有多辣，对我来说都不够辣，喝杯饮料，辣味全无。苏门答腊菜，包括以其辛辣而著称的巴东菜，在我眼中只是达标而已，加里曼丹菜亦是如此。巴厘岛的辣椒拌酱很出名也很美味，只是不够辣。在吉利马努克码头附近的小店卖的熏鸡，就因其火辣的酱料而远近闻名。这可是真的辣，我看到厨师加了很多的小米椒，也就是说辣酱本身还不够辣。

这让我想到也许华莱士线是有道理的。这一肉眼看不见的界线按照各分布区的动植物种群将印度尼西亚一分为二。西部是苏门答腊、爪哇、加里曼丹和巴厘岛，这里的动植物与亚洲其他地区的动植物相类同。从龙目岛和苏拉威西岛向东，那里与澳大利亚的动植物有着更多的相似之处。从自己吃辣椒酱的经验来看，我想说最辣的辣椒来自于这条线的东侧。巴厘岛和龙目岛之间只相隔35公里宽的大海，但它们的辣椒在口味上大相径庭！越往东，就越辣。

> 从龙目岛和苏拉威西岛向东，那里与澳大利亚的动植物有着更多的相似之处。从自己吃辣椒酱的经验来看，我想说最辣的辣椒来自于这条线的东侧。

举个例子，我们在龙目岛路边摊吃到的塔利旺烤鸡。那种辣是你根本无法忍受的！亚斯敏不得不把鸡肉浸泡在茶里才能把腌料去掉。在东龙目岛，每天都会配上贝贝洛牌的辣酱。简直辣到飞起！那辣味是爆破型的，让你涕泗滂沱。即便洗过了好几次手，一旦碰到眼睛，也还会有刺痛感。

也别被美娜多的餐饮所忽悠，那可是很辣的。要不试试雅加达的碧悠缇卡餐厅，点一道在菜单上标注有四根辣椒的菜。你不必问会有多辣！反正我每次去那里吃饭胃都会感到不适。美娜多人如果不蘸辣酱连炸香蕉都吃不了。美娜多本身的情况更糟。有一次我去通达诺①参加朋友的婚礼，自助午餐种类太丰盛了。那儿本地的辣酱并没那么可怕，但他们把辣酱绝对是撒遍每一道菜。连我都不间断地急促呼吸，试图扑灭嘴中燃烧的火焰。

在帕卢，朋友请我去路边摊吃方便面。这个路边摊的宣传语是"真辣无敌！"我接受了朋友的提议，只以为去吃一顿价格便宜的面条。后来才知道他们用辣酱炒面条。朋友给我点了份"二三"面，也就是说给我点了两份面条和三份辣酱。预制好的辣酱装在罐子里，所谓的一份就是满满一大勺的辣酱。面条上桌，颜色发黑。前两口面还行，但第三口……之前的味觉已消失，剩下的只有辣，辣，辣！这是我唯一一次吃方便炒面吃到上头，像聋子一样连听觉都失去了。

然而，至今的赢家仍是弗洛雷斯辣椒。在拉布汉巴焦的一个雨夜，我虽然想吃小米椒方便面，于是在小卖店买了面条，让酒店做。当我提出要放小米辣时，厨师说："等一下，我去花园摘一些。"他回来时拿着一把红色而不是绿色的辣椒，那辣椒比爪哇能买到的小米辣要小得多。厨师把小红椒切小段，然后……简直就是太多了！

就像之前在船上住了三天，吃饭时总给我们上一碗辣

---

① 美娜多的一处著名湖景。

酱，但我们从来没能吃完过。一大碗米饭配上一点点辣酱，我们就已经扛不住了。真的难以置信，之后花了很长时间才恢复过来。嘴唇老浮肿，热泪总盈眶，耳鸣声不绝。每顿饭后，我们几个就都瘫倒在靠垫上摇晃着脑袋。都是辣椒惹的祸！

很吵！

卡伊小岛上的雨夜，我得自己跑到要入住的酒店。

根据网上的评论，这间简易的小旅馆获得那些需要找个地方歇脚放松旅客的强烈推荐。但这小岛是如此遥远，想预订房间，不管是打电话还是上网都无法联系到他们。飞机一降落在兰格尔机场，我满怀希望，马不停蹄地冲到酒店。酒店老板是一位荷兰老绅士。他问的第一个问题是："你是印尼人吗？"这问题也太怪异了吧。我回答是的。话音刚落，他立即说："没房间了！"我不得不使出自己软磨硬泡的最佳功夫，最后他同意我留下来，而且竟然还挺开心的。吃午饭的时候，我问他为什么这么"反印尼人"，他回答说："因为他们付一间房的钱，却和亲朋好友一起住，直到房间和阳台上都睡满了人。他们也太吵了，其他客人都会投诉。"这可是对印尼国内游客的经典描述，不是吗？

说实话，我不能责备他什么。如果我住一家酒店，当然不希望酒店到处都是只付一间房的一大团人。如果房费还包早餐，那你会被洗劫一空的。他们都要洗澡，这增加了酒店老板的水费。然后，他们很吵，这又会惹恼其他客人。紧密相连是我们的文化，大家就是喜欢花时间聚在一起。对大多数人来说，去度假就是要和一大家子一起去，对一大团人而言，住酒店也是主要乐趣所在。

> 紧密相连是我们的文化，大家就是喜欢花时间聚在一起。

小时候，我经常和家人去度假，一起住酒店客房都还需要加床。长大后，全家很少一起旅行了，最多在一年一度的开斋节会出去旅行一次，而且我们再也不会住同一个房间了。这种假期旅行所面对的问题就是你要和成千上万的人一起在旺季出行。

我曾住过夏梦思岛最好的酒店，但恰逢开斋节假期，酒店价格和平时比暴涨了两倍。旅馆里挤满了印尼游客。很高兴看到印尼人能越来越多地出门旅行，而且还可以负担得起这么高的旅行费用。但是他们真的太吵了！一间单人房有时挤进去十个人，或睡地板，或睡阳台。游泳池也是人满为患，游泳的尽是一些穿着长袖长裤的人。孩子们一边嚷嚷着一边跑来跑去，女佣们在后面追着，男人们抽着烟，女人们叽叽喳喳，小孩子们在哈哈大笑。太乱了！因我和我的表妹正专心玩乌诺纸牌游戏，自己强忍了一段时间。晚上 10 点回房间时，门外有人在说笑，我们无法入睡。到了大半夜他们还不走，我开始发火了。从二楼阳台上，我探出身子，大声喊道："你们能小声点吗？！这大半夜的，我们谁都睡不了觉，吵死人了！！"喊完我砰的一声关上门。他们的笑声变小了一点儿，最后他们都回自己房间去了。总算是！

太吵不仅仅是因为我们爱讲话。有一次在楠榜岛，我住在海滩旁的一个新开的度假村。这家酒店非常华丽，设计风格极其简约。早上5点。我被房间旁汽车轰油门的声音吵醒。大家都知道度假村推出了一款"越野"度假套餐，可这些人为什么要把车停那儿呢？一小时后，土味摇滚开始在餐厅的喇叭里发出大声鸣叫。一大群人在那里伴随着一人合成器乐队唱着歌，跳着舞！为什么今天一大早就这么吵？"有一个旅游部门大会。"多谢告诉我。这种情况总会发生在那些喜欢让机构或大公司包场的度假村里；他们这帮人的所作所为就像整个酒店都是他们的一样。其他客人只能忍受他们在泳池边举办活动所产生并通过巨大的音响系统向整个酒店所播放的噪音。"酒店"演变成了某种配备了操场、卡拉OK、户外运动以及他们所能想到的任何吵闹活动的"游乐园"。

> 一小时后，土味摇滚开始在餐厅的喇叭里发出大声鸣叫。

这就是你住在一个接待印尼人的旅馆所能遇到的所有情形。外国游客似乎很明白这些，他们住在几乎只招待外国人的地方。在千岛群岛，印尼人去塞帕岛，老外去科托克岛。印尼人可能不会选外国人开的酒店来住，因为我们不喜欢那里的寂静，我们也不想听人教导一间房间可以住多少人，或者告诉我们什么时间需要压低音量。文化影响着度假的方式。并不奇怪，西方的酒店和餐馆都有年龄限制。有些酒店是针对家庭的，有些酒店是针对30岁以下年轻人的，有些酒店你可以带狗入住，等等。这么做的目的就是为了保持与居住旅客相匹配的氛围。

我是不是开始不喜欢身边人太多？在晚年是不是会变得有点愤世嫉俗？哈哈！

宗教宽容

在印尼这个以班查西拉①为建国基础的国家，宗教派别之间的摩擦冲突让人深思。

有时觉得我们的座右铭"求同存异"只不过是教室里的装饰。随着时间过去，印尼人变得越来越虔诚，但这似乎并没有带来宽容度的提高。

我的好奇心源于这样一个事实：我从小就一直生活在具有各种不同宗教和种族的人群里。我的父母来自印尼不同的地方，宗教信仰也不相同，因此他们在很多方面都是对立的。直到1980年，才准许不同宗教之间的联姻，但尽管如此，我母亲在她结婚23年后才最终决定皈依。我父亲家里都倾向在自己的宗教和族群内联姻，但他证明了规矩也是有例外的。我母亲家里则恰恰相反，他们有在不同的宗教和家庭背景之间联姻的历史。

---

① 印度尼西亚建国五原则。

从小，我就习以为常地和父亲的家人一起过圣诞节，与母亲一家过开斋节。我觉得自己很幸运能比其他朋友收到更多的礼物和好吃的食物，他们很少有人是生活在宗教混合型家庭的。

> 从小，我就习以为常地和父亲的家人一起过圣诞节，与母亲一家过开斋节。

每到开斋节，我母亲的一大家子就很喜欢出去旅行，通过去某个地方旅行的方式来过节。从吉隆坡开始，我们就去了北干巴鲁、巴厘岛、日惹、棉兰，最近一次是 2012 年去了槟城。近来，开斋节已连续两年都落在了星期天。其中一个在日惹的周日早晨，我们坐上两辆租来的车，一辆去参加开斋首日的祈祷大会，另一辆则上教堂，而这两个地方正好处在马里奥波罗大街的面对面。之后，我们回到酒店，一起吃了 *ketupat*①。这不是很和谐很美好吗？没有人对彼此的宗教信仰会有任何看法。我的一位阿姨带了酒过来，我们互相敬酒，一起举杯，那些不愿饮酒的可以喝果汁。没有人会感到有什么压力或被人冒犯。

我信基督教的表妹结婚时，全家人都会来参加教堂婚礼仪式。就连我身穿着穆斯林长袍的姨妈也来了，没有人会感到不适。我穆斯林堂兄结婚也同样，大家都会进清真寺。若

---

① 印尼粽，用棕榈叶包的长方形糯米粽，开斋节的节庆食物。

有人去世，也是一样的，两边的家人都会参加葬礼和祈祷仪式，且每个人都心存尊敬。

我印象最深的是邦加岛。这里是将印度尼西亚和马来西亚文化与中国文化成功融合的典范。他们并肩生活，世代通婚，各种宗教间从未发生过任何的冲突与摩擦。难道，印尼人真的必须要通过与不同种族和文化相融合才能变得更加宽容吗？我把这个问题在推特上发布后，我的时间轴上全是一些相当令人心烦的跟帖。结论就是，印尼的宗教激进主义者越来越多了。

也有可能是价值观发生了变化。过去，信奉其他宗教的人进教会学校学习是件很正常不过的事，而在今天则被视为怪诞不经。以前，电视上播出的节目都是在探索不同信仰之间的和谐同处。就连 Unyil① 也和不同种族和信仰的人成了朋友，而且别的节目亦是如此。奇怪的是，那些探索我们之间差异性的电影今天看来却是有争议的。在大家读到这章节时，我可能会被某些读者在网上炮轰。

> 难道，印尼人真的必须要通过与不同种族和文化相融合才能变得更加宽容吗？

我非常在意印尼的和谐关系。我认为我国人民体验其他宗教的最好方式之一就是尽可能多地出门旅行，这样我们就

---

① 儿童节目里一个角色的名称。

可以保持开放心态，也许在旅行过程中会变得更加宽容。每当我们在外旅行，都会被一再警醒，与周围世界相比自己是多么的渺小。我们会被再三提醒，我们不是最好的，也不是最重要的。这使我们更能意识到造物主的伟大。

这让我想起迈克尔·弗兰蒂的歌词："爱对一个国家来说太大了，而上帝对一门宗教而言太大了。"

墓地里的房子

我父母的房子在雅加达南部的塔纳库西尔。此地之所以出名，是因为它有这个城市最大的墓地。印尼开国副总统哈达和其他一些印尼名人都安葬于此。

20世纪80年代我父母是住在宾塔罗。那里离城很远，像是生活在乡下一般。那些日子，家的四周都是稻田和水牛。随着房地产开发的快速启动，以及随之而来的交通堵塞，我们再也无法忍受进城的通勤了。到了20世纪90年代，我父母决定在塔纳库西尔盖房，这样到雅加达的车程就可以减少一小时。

奇葩的是，我们家的新房子的前前后后、左左右右，完全被墓地所包围。我们家那一小块自有地就在墓地后面。我们家房子的前面到左侧是伊斯兰教的墓地，屋后到右边则是中国人的墓园。新屋设计成正方十字架形状，中央是一个小花园，这样所有的房间都是朝内的。从屋子的前方看是没有向外的窗户的。为什么？因为我们担心一开窗就会看到数百个墓碑回望着向我们打招呼!从屋子外观来看,没有门窗,更不用说露台了。为了能让阳光照射进来,我们在墙上开了高大的窗户。大门在屋子的侧面,远远看过来,就像一所学校。

> 我们家那一小块自有地就在墓地后面。

父亲在房子对面种了一排竹子,想遮挡住前面的墓地。有人说竹子能吓跑妖魔鬼怪;可又有人说竹林总会闹鬼。在为新屋祈愿时,我父亲第一天请伊斯兰教的人来祈祷,第二天则请教堂的人做祈祷。"看看那些鬼怪到底怎么进我家?我们请穆斯林和基督徒都拜过了!"

下一个问题是水。家里的用水不是自来水,而是来自房子地下的井水。这该如何是好?屋子周围可都是死者尸体啊!父亲很快就出去买了一台饮水机和一加仑的桶装水。我们所饮用的水都必须是桶装水。水泵抽上来的井水只能用于清洗和清洁。家里来客人时,他们会问:"这是什么水?"我当然喜欢回答:"死人水。但已经过滤过了。如果不过滤,你会时不时喝到房前那些死尸的血、头发或牙齿什么的。"然后就等着一段激烈的争吵!

> "死人水。但已经过滤过了。如果不过滤,你会时不时喝到房前那些死尸的血、头发或牙齿什么的。"

墓地里的房子

我们家的房子虽属雅加达地区，但要去雅加达城区却不是那么容易。房子离大马路有两公里，我们家旁边那条小路是死胡同上不了大马路，只能走另外一条小路，但必须得穿过墓地！所以，我们必须得有几位固定的摩的和出租车司机可以打电话叫车。晚上，我们宁可坐出租车，所有的司机都喜欢带你穿墓地。其实出租车司机有时也会害怕："噢，天哪，大姐，住在墓地里你不怕吗？"我会平静地回答："我和所有的鬼怪都成好朋友了。小心点，师傅！看一下后视镜，可能有东西在后座搭车。"有时遇到我零钱不够或还没结完账时，司机总会不耐烦逗留，因为他们想尽快离开这里！

到目前为止，还没发生过什么怪事。也许夜里偶尔会听到犬吠。他们说，这说明"有什么东西正在经过"，但这对我们来说似乎已习以为常。现如今，位于市中心的墓地已不再是一件很可怕的事了。事实上，似乎在年轻夫妇中它倒很受欢迎。不信可以试试周末晚上在这里停一下，你会发现有十几辆摩托车停在路边，骑手和他们的女朋友消失在了墓地里。斋月期间，有人会打开一束巨大的亮光，吓跑摩托车恋人们。

最奇怪的是家里的女佣曾被小甲壳虫（我旧的丰田木江车）撞到。家里的房子建在一个小山坡上。我忘了拉手刹，车溜下坡撞上了站在屋后的女佣，最后又撞到了一根竹子，掉进了墓地。我想笑，但又没胆！竹子后面是一所盖到一半的空屋，而这屋子没有许可证就建在墓地的土地上。

墓地本身地处一块洼地。从我们家由上往下有条小路，然后是洼地里的墓地，最远处是佩桑格拉汉河。在雨季，河水漫溢，有时一部分墓地都给淹了。雅加达发洪水时，我们家的房子是安全的，但屋前已是一片湖水，完全淹没了墓地。有不少人原是去探访故去的亲人的，到了墓地才发现全都淹在水下了，我为此而遗憾不已，但现在倒是垂钓的大好时光！有一次，我的表弟来家里，做了一顿美味的饭菜。当我问煮的是什么时，他告诉我："是我在前面墓地抓到的一只乌龟！"

所以，尽管有这么多的故事，我们在这里还是生活得很好。事实上，我们很喜欢这里。房子周围树木成荫，微风徐来，清新而凉爽。夜里能听到猫头鹰咕咕叫声，晚上蟋蟀虫鸣，而早上鸟儿在歌唱。一切仍旧祥和！无交通噪音之乱耳，无废气污染之闹心。最好的是，因为我们家离市中心不远，交通还算便利，而且接送男朋友或女朋友真的很方便。喂，这很重要！如今，在选择生活伴侣时，在自己太当真之前就一定得弄清楚对方住哪儿。没人想开车去天玺区或坦格朗！

墓地里的房子

致　谢

感谢我的妈妈，她总是让我到处旅行，甚至是去那些长时间没有手机信号的偏远之地。我总想知道您的心怎么会这么大呢？

感谢出版人萨尔曼、英坦、迪塔，感谢大家对我的信任和长期支持。

感谢编辑艾伦，感谢你出色的工作。

感谢埃斯蒂、尤迪斯和玛琳达，感谢你们的建议和讨论，此外还要感谢你们做我的最佳（旅行）伙伴。

谁用《裸眼看印尼》

崔妮蒂是印尼重要的旅行作家，出版了七本全印尼最畅销的旅游书籍。

2005年，她创办了旅游博客 naked-traveler.com，在不到两年的时间里荣获印尼最佳博客奖的最终提名。之后，她从企业职业经理人转变为一名全职旅行者和旅行自由职业作家。

其处女作《裸眼看印尼》汇集了多篇她在印尼各地冒险的短篇故事，叙事深刻，笔调诙谐。此书激发了许多印尼人，尤其是年轻人去旅行，这在当时仍属相当罕见。《裸眼看印尼》系列现已出版四册；都成为印尼最畅销的旅游书籍。

崔妮蒂，与埃拉斯提尼和希拉·罗斯维塔合作，创作了印尼的第一部绘图游记：《两只好动河马：迷失拜占庭》。她还为选集《旅行》和《爱在旅途》撰稿。

她百忙之中承担《JalanJalan[①]》杂志的专栏作家，同时也

---

① 《大街小巷》旅游杂志。

是众多旅游出版物的撰稿人，社交媒体企业家，以及多项大型活动的演讲人。2010年，崔妮蒂作为印尼重要的旅行作家荣获印尼旅游大奖，并被《雅加达邮报》称为"印尼旅游业的巾帼英雄"。

崔妮蒂在印度尼西亚三宝垄迪波涅戈罗大学获得大众传播学士学位，并荣获亚洲开发银行的日本奖学金，在菲律宾马尼拉亚洲管理学院攻读其管理硕士学位。

她走遍印尼几乎所有的省份以及世界上64个国家，而且足迹所至还在不断增加。她始终认为印度尼西亚是她自己所访问过的最好国家。